# 根《こん》

indriya

इन्द्रिय

# 根

―こん इन्द्रिय indriya ―

目次

目次

参の章

## 報恩行あれこれ　―寺門興隆を願い―　115

# プロローグ

一九五九（昭和三十四）年秋、了願寺第十六世住職を拝命。折しも史上最大級の伊勢湾台風が襲来。発生直後の中心気圧は八九四ミリバール、最大風速は七十五メートルの猛烈台風。本堂の屋根瓦は吹き飛ばされ、天井は垂れ下がり、壁が破れて烈風が内陣を吹き抜け大荒れ。庫裡や山門、鐘楼等の建物にも甚大な被害が発生。加えて、樹齢百年余の銀杏の巨木が倒れ、巻き添えでトイレも倒壊。

災害復旧について門徒総代・役員とよりより協議し、修復計画を立案。ご門徒各位のご協力のもと工事は順調に推移し、一九六四（昭和三十九）年秋には修復事業が円成。そして十二月中旬、「親鸞聖人七百回御遠忌法要」と「本堂修復工事落慶法要」を併修することができました。

時は流れて幾星霜、来年三月三十一日（日）には「親鸞聖人七百五十回御遠忌法要」を勤修する運びに。この間、数度に亘ってこうした大法要を勤修する勝縁を戴きましたが、その都度本堂内陣荘厳修復、会館棟新築、庫裡改築等々の記念事業を計画し実施。来春の御遠忌法要の記念事業は、築二百七十年余の山門の建て替え、鐘楼の修復、トイレの改築、そして築地塀・周囲塀の改築等。

この度の事業計画の策定や法要勤修の準備等は、長男の第十七世住職が門徒総代・役員と協議しつつ進めておりますが、前住職の私も過去の経験を活かし助言役を勤めさせていただいております。と同時に、この法要を記念して法話集を上梓しようと発願。コンテンツは了願寺の公式ホーム・ページ http://ryoganji.jp/ に掲載した『法話』。因みに、了願寺ホーム・ページは二〇〇一年四月手作りで開設。以後毎月内容を更新し、法話も二百十一回をカウント。

今回は、二〇一〇年から二〇一八年までの法話百余編の中から四十三編をセレクトして編集。章立ては五章とし、それぞれジャンル別に仕分けして収録。書名は『indriya 根《こん》』。「根《こん》」とはサンスクリット इन्द्रिय の和訳で、「物事を認識する意識の根幹」のこと。眼《げん》（見る）・耳《に》（聞く）・鼻《び》（嗅ぐ）・舌《ぜつ》（味あう）・身《しん》（触れる）・意《い》（想う）を六根といいます。四文字熟語「六根清浄《ろっこんしょうじょう》」はお聞き及びかと。音便化して「どっこいしょ」になったとかいう俗説も。

蛇足ながら、別の視点からひとこと。私の著作の最初の書名は『葩《はなびら》』、二番目が『萼《うてな》』、そして第三作は『蘂《ずい》』。これで一応花の部分は完結し、花に水分や養分を供給する「根っこ」に思いを馳せた次第。私流の意味づけ、いかがでしょうか。

合掌

二〇一八（平成三十）年仲秋

自坊書斎にて　本田 眞哉

## 壹の章

# まことの教えに聞く

## ―念仏成仏是れ真宗―

## 神祇不拝《じんぎふはい》

わが真宗の宗祖・親鸞聖人《しんらんしょうにん》は、源氏・平家争乱のまっただ中の鎌倉時代に生を享けられ、九歳で出家得度し比叡山に登り仏門に入られました。伝教大師開山の比叡山延暦寺は、大乗菩薩道修行の根本道場であるとともに、当時の日本の最高学府。例えが悪いかもしれませんが、現代の国立大学・国立研究所と国立国会図書館が合体したようなもの。

ところが、聖人が入門された当時の比叡山延暦寺は、開山以来四百年を経て伝教大師の願いとは異質な方向へ向かっていたようです。いろいろな局面があったようですが、あえていえば観念化と世俗化といえるかと思います。仏教が現実の生活とは無関係な学問として扱われ、観念化された学問の場になりはてていたという一面。一方、世俗化の問題としては、奈良仏教と同様現世の祈祷にエネルギーを傾注していたこと。

親鸞聖人が自分を含めて特に問題視したのが後者の現世の祈祷。当時の比叡山では、社会の上層部を占める人々の依頼による加持・祈祷の請け負いが真っ盛り。また、死者の追善供養に明け暮れしているという状態でもありました。聖人は、一山の世俗化・堕落化を目の当たりにして嘆き悲しまれたことでしょう。上山後十年、聖人は生死の迷いを離れる道がどこに開かれるのかを求めて聖徳太子廟に籠られたと伝えられています。苦悶の毎日だったのでしょう。

その後も生死の迷いを離れる道を求めて悶々の日々が続きます。比叡山は名利の場で、もはや仏道修行の場でないと絶望。そして聖人は二十九歳の一二〇一（建仁元）年、比叡山を下りて聖徳太子の建立と伝えられる六角堂に百日参籠を志願。九十五日目に夢告を得て法然上人を訪ねることになり、一筋の光に出会うことができました。法然上人の「ただ念仏して弥陀に助けられまいらすべし」のことばに出会い、親鸞聖人の信心が大転換しました。聖人のライフ・ワーク『教行信証』の「後序《ごじょ》」には「建仁辛の酉《けんにんかのとのとり》の暦《れき》、雑行《ぞうぎょう》を棄《す》てて本願《ほんがん》に帰《き》す」と著されています。

かくして聖人は、法然上人の教えを聞いて新たな教えの世界を切り拓いたのですが、そのことが母山・比叡山の逆鱗《げきりん》に触れ、師法然上人ともども時の権力者によって流罪《るざい》に処せられたのです。法然上人は四国へ、そして親鸞聖人は越後の国へ。僧籍を剥奪《はくだつ》され俗名藤井善信を名告った聖人は、遠流《おんる》の地で現地の人々へ念仏の教えを説かれました。流罪の逆縁を教化の勝縁に転化し、精力的に各地を巡化されたのです。現在も北陸の地では浄土真宗の教勢が大きく維持されていますが、その発端は皮肉なことに聖人の配流《はいる》だったのです。

三十九歳の十一月流罪は赦免になったものの、聖人は辺地の民衆に仏法を説き続けられました。その後聖人は越後から関東の地へ。上野の国から常陸の国へと教化の旅は続けられ、関東の地に念仏の教えが弘まりました。そして一二三五（嘉禎元）年、六十三歳の年に聖人は帰洛されました。京都では、先師たちの著作を書写し、自らも浄土和讃や高僧和讃を著作されました。そうした執筆活動の集大成が『教行信証』。中には、経典や高僧の著作の中から数多、しかも崇高な内容の引用文が収録されています。

聖人は、ご自身の求道遍歴の中から「神祇不拝」には格別の思いがあったようです。『教行信証《きょうぎょうしんしょう》』「化身土巻《けしんどかん》」には、『般舟三昧経《はんじゅさんまいきょう》』を引用して次のように記されています。

自ら仏に帰命し、法に帰命し、比丘僧に帰命せよ
余道《よどう》に事《つか》うることを得ざれ
天を拝することを得ざれ
鬼神《きじん》を祠《まつ》ることを得ざれ
吉良日《きちりょうにち》を視《み》ることを得ざれ

親鸞聖人の教えは「神祇不拝《じんぎふはい》」。苦悩している状態から何とかして抜け出そうという発

想の延長線上に神・仏を拝むことを徹底的に否定されたのです。われわれは迷いの世界・苦しみの世間を生きていますが、その迷い・苦悩の元は無明による我で苦悩そのものは存在しません。我執の世界を肯定することによって苦悩が生まれるのです。病気そのもの、死そのものが苦しみではなくて、病気×健康、死×生に対する我執が苦痛を招いているのです。

しかし、そうした我執の心に振り回されている自分自身に私たちは気づいていない。何か大きな力を借りてその苦しみを払いのけようとしたり、目に見えない力（例えば霊）によって自分が苦悩の世界に追い込まれているのではないかと右往左往したりしてしまうのです。そこで、何か大きな力を頼って神頼み・仏頼み（祈願）…無病息災・延命長寿・家内安全・商売繁盛・受験合格・ガン封じ・ポックリ信仰等々が大流行。

現代人の神祇観は、神を拝しお祓《はら》いをすることによって自分の欲望がかなえられるものと錯覚しているようです。真実を宗とする親鸞聖人の教えにおいては、拝むことによって苦悩を払いのけるのではなく、拝むことによって苦悩の実態が掘り下げられ、その病根を掴みだすことができるのです。苦悩そのものはなくならないけれども、苦悩のメカニズムが明らかになってくる。人間の頭でいくら考えてもそのメカニズムは明らかになりません。拝むことによって、人知ではなく仏智の光に照らされて初めて明らかになってくるのです。

苦悩の仕組みが明らかになると、祈祷によって病・死を払いのけるのではなく、自分のものとして受け入れることができる世界が開かれてくるのです。病気から逃げていた姿が百八十度ひっくり返って病気が苦悩の意味を失って引き受けられる―そういう世界が開かれてくるのです。「不死の法」という言葉がありますが、これはこの肉体が死なないということではなくて、死を引き受けていける世界が開かれてくるということです。仏法を聞くことによってそういう真実に目覚めることができるということをお教えいただくのです。

合掌

《二〇一一・五・一五・記》　hp No.124

# 氷おおきに水おおし

こおりおおきに　みずおおし
さわりおおきに　徳おおし

真宗十派で発行している『法語カレンダー』の二〇一二（平成二四）年二月のページの法語です。出典は親鸞聖人制作の『高僧和讃』。更に詳しくは聖人が崇める七人の高僧の時代順第二番目の高僧・曇鸞大師《どんらんだいし》の論議や徳を讃嘆した讃歌。

因みに、親鸞聖人は主著『教行信証』をはじめ、数多の著作を残されました。ライフ・ワークの『教行信証』の正式名称は『顕浄土真実教行証文類《けんじょうどしんじつきょうぎょうしょうもんるい》』。『顕真実教　一』『顕真実行　二』『顕真実信　三』『顕真実証　四』『顕真仏土　五』『顕真仏土　六』の六巻から成り立っている浄土真宗立教開宗の根本聖典です。

内容は、親鸞聖人の信心によって「経」「論」「釈」を類聚《るいじゅ》配列した一大体系の書。制作された年代は、『顕真仏土　六』（化身土巻）の中に一二二四（元仁元）年の年号があることから、聖人が常陸の国稲田に在住されていたころ一応まとめられ、帰洛後加筆補訂されたものと思われます。全巻は膨大なボリュームで、活版印刷されている手元の『真宗聖典』(A5判)でも二百五十ページ余を占めています。門徒の皆さんがお内仏の勤行で読誦される『正信偈《しょうしんげ》』は、『顕真実行 二』の中に収録されている韻文。

わが真宗のバイブルともいえる『真宗聖典』には、『教行信証』に続いて次のような聖人の著作が収録されています。『浄土文類聚鈔』『愚禿鈔《ぐとくしょう》』『入出二門偈』『浄土三経往生文類』『如来二種回向文』『三帖和讃』『尊号真像銘文』『一念多念文意』『唯信鈔文意』。これらの中で、前述の『正信偈』とともに寺院およびご門徒の家庭で勤行に依用されているのが「和讃」。「和讃」とは、読んで字のごとく「和語(日本語)」の讃歌。漢語の讃歌を「偈」と呼ぶのに対しての呼び名です。

親鸞聖人制作の『三帖和讃』は文字通り三帖で構成されています。『浄土和讃』『高僧和讃』『正像末和讃』の三帖。なお、「正像末」とは何なのかとおたずねの向きもおありかと思いますが、釈尊は自らの入滅後の未来について経文の中で三つの時代を説いていらっしゃいます。それは正法《しょうぼう》・像法《ぞうぼう》・末法《まっぽう》という三つの時代で、「三時」ともいいます。

正法時代とは、釈尊の仏法が正しく伝えられ、これを修行する民衆が盛んに証りを得る時代。像法時代とは、民衆の仏法に対する素養は正法時代より劣るけれども、仏法を修行する姿は正法寺代に似ており、形式化されて仏法が伝えられる時代。末法時代は、修行する姿もなく釈尊の仏法の利益が全て失われてしまう時代といわれています。三時の期間については諸説ありますが、一般的には釈尊滅後千年が正法時代。続く千年が像法時代。その後の末法時代は万年とされています。

『真宗聖典』に収録されている三帖和讃を見てみますと、浄土和讃一一八首、高僧和讃が一一七首、正像末和讃が一一四首、合計三四九首。話が随分遠回りしてしまいましたが、頭書のカレンダーの法語に戻しましょう。法語の原典とされる和讃は、収録されている『真宗聖典』や『大谷声明集』では次のように示されています。

罪障《ざいしょう》功徳《くどく》の體《たい》となる
こおりとみずのごとくにて
こおりおおきにみずおおし
さわりおおきに徳おおし

大意は、仏になるのに罪になり障りとなる悪業煩悩が、そのまま功徳になる。ちょうど氷が解けて氷となる関係のように、氷が多ければ解けた水も多い。同様に罪障深き者ほどその罪障が転じて成る功徳が甚大である。ということなのです。『教行信証』信の巻に「転悪成善益《てんなくじょうぜんのやく》」という文言がありますが、まさにそのものズバリ。他力の信心を得ればこのご利益に与れるのです。

「廃悪修善《はいあくしゅぜん》」ではありません。「廃」ではなく「転」なのです。私たちが仏になる罪障も阿弥陀如来のお慈悲（本願）に触れることによって善に転じることができるのです。罪障が消えてなくなるのではなく、そのままで善に転じることができるのです。ちょうど渋柿の渋（罪障）がそのまま甘さ（善）に転じるように。渋（罪障）の度合いが高ければ高いほど転じられた甘さ（善）の度合いが高くなるのです。

合掌

《二〇一二・二・三・記》　hp No.131

# 諸行無常《しょぎょうむじょう》　諸法無我《しょほうむが》

煩悩具足の凡夫、火宅無常の世界は、
よろずのこと、みなもって、そらごとたわごと、
まことあることなきに、ただ念仏のみぞまことにておわします。

『歎異抄《たんにしょう》』

今年は五月末に気象台は早くも〝梅雨入り宣言〟。ところが、そのあと今日までに雨らしい雨が降ったのはわずか三回。ダム湖の水面は下がり、潅木の緑の下に黄土色の帯がうねっている様子がＴＶ画面上に映し出されていました。湖畔には地元関係者が集い、「雨乞い」のために設えられた式壇上には山海の珍味と清酒が一本。このままの渇水状態が長引けば、農業のみならず工業関係にあるいは一般家庭の飲料水についても、水不足の影響は避けられないでしょう。

知多半島地域は山岳もなく大きな川もない丘陵地帯で、降った雨は背骨の丘陵地から西

の伊勢湾、東の三河湾に短時間で流れ落ちます。そのため水源が乏しく、半島内にある何千何万もの溜め池などで雨水を溜めて渇水期にはその水を田圃に引いて稲を育て、稲が枯死するのを防ぎました。カラカラ天気が続き水不足状態になると稲が立ち枯れ、事態は深刻。「我田引水」とか「水争い」という言葉が現実味を帯びたと古老から聞いたことがあります。

こうした状況から一刻も早く抜け出さなければ…と考えた人は多かったと思いますが、太平洋戦争中は目前の「食料増産」のかけ声に追い立てられ、敵機の空襲から逃れるのに精一杯で、大局的に農業のあり方を考えた人はなかったようです。終戦後、一九四七（昭和二十二）年には大干ばつに襲われ、溜め池の水は枯渇し作物は枯れ大きな被害が出ました。深刻な食糧難に見舞われるなか、渇水による不作を防ぎ収穫量を増やすため、知多半島の潅漑事業を真剣に考える人々が現れました。

その中の一人が久野庄太郎氏。知多郡八幡村（現・知多市八幡）農家に生を享けた氏は、水不足で立ち枯れかかる稲を見て、水量豊かな木曽川の水を何とかしてこのカラカラの田圃へ引くことができないだろうかと真剣に考えました。そのことを新聞で知った幼年学校の教師・濱島辰雄氏が久野氏の許へ駆けつけ、協力を申し出ました。そして、測量士にも無理を言い、私財をなげうって用水新設のための事前調査にかかりました。他のパイオニア事業の発案者同様に、久野氏も変人・奇人扱いされたようです。

両氏はルート作成のため半島全土を歩き緻密な測量を行い、三か月後には愛知用水の計画図が完成したのです。彼の熱意が人々の心を動かし、為政者の重い腰を上げさせました。一九四八（昭和二十三）年知多半島一市二十五町の代表が集まり「愛知用水期成同盟会」を結成。濱島氏は高校教師を辞め末端水路を整備、久野氏は田畑を全て売り払って活動費を捻出。最初の課題は莫大な建設費。二人は当時の吉田茂首相に陳情し国の協力を取り付けました。一九五〇（昭和二十五）年には世界銀行に融資を申し込み借り入れ成功。一九五五（昭和三十）年には愛知用水公団が設立され事業開始。

一九五七（昭和三十二）年、水を溜める牧尾ダムと木曽川から水を取り入れる兼山取水口等の工事を開始。アメリカのエリック・フロア社から派遣された技術者と日本の技術者は、優れた土木技術と最新の土木機械を使い、わずか四年で工事が完成。一九六一（昭和三十六）年九月三十日は、木曽川の水が百十㎞に及ぶ愛知用水を流れ知多半島へ届くという歴史的な日となりました。当時は農業用水が中心でしたが、今では都市用水が四分の三を占め逆転。開通当初と比較すると、現在の農産品の粗生産額や工業出荷額は六倍から十数倍、水道の給水人口は約六倍と飛躍的に増大しています。

さて話を現時点に戻して、前述のように三重県津市近郊の村では安濃ダム湖の貯水率が十パーセントを切ったとかで、何年ぶりかの「雨乞い」を行った様子が放映されていました。「雨乞い」は世界各地でも見られるようですが、共通点は人間の力ではいかんともし難い降雨を神仏の力を借りて実現しようとすることでしょう。イスラーム世界では、「イスティスカー」と呼ばれる降雨祈願があり、エジプトのマルムーク朝では十三〜十六世紀に大規模な雨乞いが行われていたとのこと。

また、博物学者南方熊楠氏によれば、モンゴルには鮓荅師（ヤダチ）と呼ばれる雨乞い師がおり、盆に牛の結石（鮓荅と呼ばれる）と水を入れ、呪文を唱えながら雨を降らせたという。一方、ロシアでも呪術師が雨乞いの儀式をしたとのこと。まず、三人の呪術師が神聖なモミの木に登り、一人目が釜や桶を槌で叩いて雷鳴をまねます。二人目は燃えさかる木の枝をぶつけて雷光のまねをし、三人目・最後の者が小枝で桶から水をまき雨のまねをするといった塩梅。

日本でも各地にさまざまな「雨乞い」が見られるようです。その形式は山野で火を焚く、神仏に芸能を奉納して降雨を懇願する、神社に参籠する等々種々あるようです。私が子どものころには、当地でも農家の人たちが「今年は雨が少なくて困った、これじゃ田植えができない。こうなったら雨乞いするしかない。」と話しているのを耳にしました。また、そうした〝儀式〟を目の当たりにしたこともありました。当山の境内地に隣接する「入海神社」でも雨乞いの神事がたびたび行われていました。
　こうした「神だのみ」は、前述のように洋の東西を問わず、〃神代の昔〃からあったようで、人間の非力さの裏返しといえましょう。ただ、「雨乞い」などといった「神だのみ」は〃人畜無害〃といえるかも知れませんが、「丑の刻参り」などのケースは看過することはできません。丑の刻参りというのは、丑《うし》の刻《こく》（午前一時から午前三時ごろ）に神社の御神木に殺したい相手に見立てた藁《わら》人形を毎夜五寸釘で打ち込むという、日本に古来伝わる呪術。
　伝記などによりますと、行者は白装束を身にまとい、顔に白粉を塗り、頭に五徳《ごとく》（火鉢・囲炉裏などの熱源上に設置し、鉄瓶などを乗せる器具）をかぶってそこにローソクを立てる。そして一本歯の下駄を履き、胸には鏡、腰には護り刀、口に櫛を咥えて神社の御神木に憎い相手に見立てた藁人形を毎夜五寸釘で打ち込むというもの。また、丑の刻参りをしている者の姿を他の人に見られると、本人に呪いが跳ね返って来るといわれ、目撃者も殺してしまわないといけないと伝えられているようです
　まことに恐ろしい話ですが、明治時代には現に行われていた模様。自分の意に沿わない人物を抹殺するというのが基本理念のこの宗教?・儀式、何ともはやコメントのしようがありません。しかし、こうした類いの行為は、我々普通の人間でも知らず知らずのうちに

〝実行〟しているかも知れません。太平洋戦争中、私は小学校三年生でしたが、「米英撃滅」「撃ちてし止まむ」といったスローガンを謳ったポスターや檄ビラを至る所で目にしていました。新聞紙上でも戦意を鼓舞する文言が躍っていたことを思い出します。

「一億一心」となって戦争に勝たなければならないと国民を洗脳するためには必要なプロパガンダであったのでしょう。しかし、よくよく考えてみれば、「アメリカ軍とイギリス軍を討って滅ぼしてやろう」のスローガンの裏には、一億の国民が心を一つにして米英人の命を奪おう、と呼びかけているのです。そのために氏神様で「武運長久」を祈り、在郷軍人会が中心になって出征兵士を送り出したのです。たまたまその場で聞いた出征兵士の言葉は「ルーズベルトの首を取ってくるからな！」でした。

当時の価値観は「人殺しをすれば勲章がもらえる」。何ともはや、まさに「顛倒の妄念」。その価値観が学校教育に於いても、社会教育に於いても、家庭教育に於いても正々堂々と最高のものとしてまかり通っていたのです。それが一九四五（昭和二十）年八月十五日をもってひっくり返ったのです。硯で墨をすって筆に含ませ、先生の指示に従って教科書の部分々々を塗りつぶしました。今まで最高の道徳、最高の倫理、最高の名誉、最高の規範と教えられてきたフレーズは墨の彼方へ。

ことほど左様に、人知による価値観はあくまで相対であって、絶対のものではなく、時

の縦軸、場合の横軸によって有為転変するのです。この世の中の事物一切は、因と縁が仮和合して仮に存在しているのに過ぎず、常に移り変わっていくはかない存在なのです。このことは国家社会のレベルから個人のレベルに至るまで、あらゆる存在に厳然と冷徹に貫く真理なのです。この伝によれば、前述の太平洋戦争の敗戦、その後の民主社会への大転換も驚愕に値しない、因縁仮和合の真理の前では至極当然といえましょう。

大乗仏教の旗印「三法印《さんぽういん》」は、「諸行無常」（全ての作られたものは無常である）「諸法無我」（全てのものは実体がないものである）「一切皆苦」（全ての作られたものは苦しみである）。この家は厳然と今ここにあり、いずれは朽ちるかも知れないが三十年や五十年は大丈夫だ…。一般的な考えですが、〝すべてのものは常ならず〟津波に襲われて流失という可能性も捨てきれません。物も人も因縁仮和合の娑婆で生かされているわが身、仏さまの教えではいつ逆縁に見舞われても不思議ではありません。いま戴いているご縁を大切にして常に感謝の念を抱いて日暮らしをしたいものです。『平家物語《へいけものがたり》』のあの有名なフレーズが思い起こされます。

祇園精舎《ぎおんしょうじゃ》の鐘の声
諸行無常《しょぎょうむじょう》の響きあり
沙羅双樹《さらそうじゅ》の花の色
盛者必衰《しょうじゃひっすい》の理《ことわり》をあらわす
おごれる人も久しからず
ただ春の夜の夢のごとし
たけき者もついには滅びぬ
偏に風の前の塵に同じ

合掌

《二〇一三・六・一八・記》 hp No.148

# 「友明け」の葬儀

トヨタ自動車の豊田英二最高顧問が去る九月十七日亡くなられました。行年満百歳。奇しくも同社の最高級セダン名「ＣＥＮＴＵＲＹ」とピタリ一致。まさに天寿を全うされました。翌十八日には名古屋市千種区の覚王山日泰寺で密葬が営まれ、トヨタグループの歴代首脳が参列して「中興の祖」に別れを告げました。一般向けの「お別れの会」は後日開かれるとのこと。豊田英二氏といえば、二十年ほど前のことが思い出されます。一九九四（平成六）年二月二十六日、当山のご門徒で名古屋市南区にあるオハラ樹脂工業株式会社の社長・尾原敏夫氏のご令閨が亡くなられ、三月二日に真宗大谷派名古屋別院（東別院）で葬儀が執り行われました。私が導師を勤めさせていただきましたが、一千人に垂んとする会葬者が弔問し焼香されました。

葬儀並びに告別式も終了し、ご遺体は霊柩車に収められ八事の火葬場へ。私も同道させていただきました。その時乗せていただいたのがトヨタ自動車株式会社の豊田英二名誉会長専用車の「ＣＥＮＴＵＲＹ」。名誉会長とともに後部座席に座して八事まで同道。車中

でどんな会話をしたかは記憶にありませんが、豊田英二氏の貫禄と迫力に圧倒された印象だけは残っています。

到着した八事火葬場は、人・人・人で大混雑。折しもこの日、三月二日は「友明け」。「ええッ！、それ何？」といぶかるムキもおありかと…。いささか説明を加えましょう。カレンダーの日付の下に「大安」とか「仏滅」とか「友引」とかいった日柄が書き込まれています。ビジネス・ダイアリーなどでも同様に日柄が刷り込まれているのが多いようです。

この「日柄」は中国伝来の暦法に由来した学説であるとおっしゃる方もあるようですが、私は全く信じません。迷信の類いに過ぎないと思っています。ご門徒の方が新しくお内仏（仏壇）を設けられるときに、この日柄を気にされます。仏壇開扉式（お入仏式）の日時の打ち合わせの折に気にされるのがこの日柄。大安の日でないといけないとか、先勝の日ならば午前中がいいとか。いや、日柄云々は施主様本人でなく、納入する仏壇屋の意向が強く働いていると思われますが…。

一般的によく使われている日柄は、大安・仏滅・先勝・先負・友引・赤口。これを「六輝」とか「六曜」とか呼ぶそうで、平安時代の運命学の創始者・安倍晴明が中国から持ち帰り日本に広めたとされています。そして、日柄にはそれぞれ吉凶禍福の意味があるようで、起工式や落慶式等々にはそれぞれの内容に照らして、「吉」「福」の日を選ぶということのようです。

一般的に言い伝えられているのは、大安は〝大安吉日〟というように、祝い事に吉とされる日。したがって結婚式の予約に関しては〝激戦日〟。しかし、現実の離婚率は増加傾向とか、はてさて。逆に仏滅は最大の凶日で大安の正反対。赤口は厄日。ただし、正午だけは吉とか。先勝は、文字どおり先んずれば勝つで、午前中は吉のようです。

前出の友引はといえば、友を引くということで、婚礼・開店などには良い日のようです。ただし、葬式で友を引くのは良くないということで、葬式はこの日を外す習わしが受け伝えられているようです。当地方の公営の火葬場も友引の日が休業日でしたが、最近は撤廃されました。しかし、現実は友引の日の葬儀・火葬は殆どない模様。となると、「友明け」の火葬場は大混雑。

元来、仏教をはじめとする日本人の宗教は、日常の吉凶禍福を左右する力を持つ「霊」を「カミ」として祀ることにより凶禍を免れ、吉福を招き寄せる除災招福の営みでした。

しかし、我が宗祖親鸞聖人は、こうした吉時良日を選び、吉凶禍福を祈ることを徹底的に否定されました。聖人は九歳で得度し、大乗菩薩道の根本道場である比叡山延暦寺へ入山。懸命に修学に励みましたがなかなか光が見えてきませんでした。

当時の比叡山での修学は、現実生活とは無関係な学問であり、また自らの修学の世界に閉じこもる僧達が多く、聖人にとってはよしとしませんでした。聖人は、大乗菩薩道の根本道場である比叡山の実態は、現実とほど遠い学問の場（観念化）と現世の祈祷（世俗化）の場に成り果てたと嘆かれました。そして上山修行二十年、求めるものが得られず下山を決意し、道を求めて六角堂に参籠。

九十五日目の暁、聖徳太子の夢告を受けて法然上人のもとへ。法然上人の教えを受けて遂に求めていた真実の教えに出合うことができました。その教えこそ南無阿弥陀仏・本願念仏の教え。聖人の開かれた教えは、〝出藍の誉れ〟と申しましょうか、お師匠さんの法然上人の教えからさらに一歩進めた、非常に高度な教義です。まさに「百尺竿頭進一歩」といったところでしょうか。

吉時良日を選び吉凶禍福を祈ることを徹底的に否定された文言を、聖人の著作の中から引用して以下に記します。

かなしきかなや道俗の

良時《りょうじ》吉日《きちにち》えらばしめ
天神地祇《てんじんじぎ》をあがめつつ
卜占祭祀《ぼくせんさいし》つとめとす

かなしきかなやこのごろの
和国の道俗みなともに
仏教の威儀《いぎ》をもととして
天地の鬼神《きじん》を尊敬《そんきょう》す

五濁増のしるしには
この世の道俗ことごとく
外儀《げぎ》は仏教のすがたにて
内心外道《げどう》を帰敬《ききょう》せり

『愚禿悲嘆述懐和讃《ぐとくひたんじゅっかいわさん》』

《二〇一三・一〇・三・記》

合掌

hp No.151

# 此岸《しがん》から彼岸《ひがん》へ

春のお彼岸も過ぎ桜花満開、春爛漫の好時節となりました。ところで、「お彼岸」の由来・仏事の意義はどこにあるのでしょうか。今さら言うまでもないことですが、春のお彼岸は三月二十一日のお中日を中心として前三日後三日の七日間。秋のお彼岸も九月二十三日のお中日を中心としての一週間。いずれのお中日も太陽が真東から昇り真西に沈む。このことは仏教の「中道の教」とピタリ一致するとともに、浄土教の「西方浄土」を願う信仰とも相呼応して日本独特の仏教行事が生まれました。日本で初めて彼岸会が行われたのは一八〇六（大同元）年と伝えられていますので、以後一千二百年余にわたり続けられている伝統的仏教行事といえましょう。

仏事彼岸会の基本的概念は到彼岸《とうひがん》（彼の岸に到る）。「此岸《しがん》」から「彼岸《ひがん》」に到る。この世・穢土《えど》・娑婆からあの世・浄土・仏国土《ぶっこくど》に到る。仏教伝来から数百年、難行・苦行に耐えて正覚を得る僧も少なくなり、日本の仏教界は世俗化と観念化の両極の淵に陥ってしまいました。具体的には現実の生活とは無関係な学問の場…観念化。それに対して現世を祈る祈祷…世俗化。仏法を以て人々を苦悩から救う大乗菩薩道の根本道場であるはずの比叡山延暦寺に於いてすら、この傾向は顕著でした。

そうした状況下で注目を集めだ出したのが「浄土教」。その教えを端的に表わすフレーズが「厭離穢土《おんりえど》 欣求浄土《ごんぐじょうど》」。苦悩の多い穢《けが》れたこの世を厭《いと》い離れたいと願い、心から欣《よろこ》んで平和な極楽浄土を冀《こいねが》うことです。これは源信《げんしん》（恵心《えしん》）僧都《そうず》作『往生要集《おうじょうようしゅう》』の中にある語句。源信僧都は親鸞聖人が選定された浄土教の七高僧（祖）の第六祖。因みに七高僧とは、「三国七祖」といわれるように印度・中国・日本の三国の七人の高僧。具体的には龍樹《りゅうじゅ》・天親《てんじん》（印度）曇鸞《どんらん》・善導《ぜんどう》（中国）源信《げんしん》・源空《げんくう》（日本）の七高僧。

親鸞聖人のライフ・ワーク『教行信証』「行巻」の末尾には、聖人撰述の七言百二十句より成る偈文『正信偈《しょうしんげ》』が所収されています。聖人は、この『正信偈』の中で具に七高僧の信心の歩みと証を賛嘆されています。この『正信偈』は、蓮如上人のころより始まった朝夕の勤行に依用されることになり、真宗門徒の家庭においてその慣習は続けられ、現在に至っております。なお、本堂内陣正面向かって右端（北余間）に掛けられている掛軸にはこの七高僧の肖像が描かれています。

ところで、日本における浄土教発祥の発端は何だったのでしょうか。それは「末法思想」。折しも末法到来の声が巷に溢れ、人々は到来するかもしれない暗黒の世界に戦々恐々だっ

たのでしょう。十円硬貨の表面には、宇治の平等院がデザインされています。平安建築そのものの寺。つい先日阿弥陀堂（鳳凰堂）の大修復が一部完了し外観の写真が報道されました。この寺は末法到来の年一〇五二（永承七）年を前にして関白・藤原頼通が建立。人々は末法の世から逃れようとして阿弥陀如来にすがり、浄土に導いてくれるよう願ったのです。

そもそも、その末法到来の「末法」とは何ぞや、といぶかる向きもおありか、と。下世話な話では「世も末じゃ」などということも…。その元を尋ねると「正法《しょうぼう》・像法《ぞうほう》・末法《まっぽう》」の三時説。では、その三時説の中身とは？　時代が下るにつれて仏の教えが次第に衰え、仏法滅尽の世が訪れるということ。具体的には次のように示されています。

三時説

①正法の時代…釈尊滅後五百年＝教《きょう》行《ぎょう》証《しょう》の三法が完全に存在する時代

教＝仏の教えがある　行＝教えの通り修業する者がいる　証＝さとりを開く者がいる
②像法の時代…次の一千年＝像とは〝似ている〟の意味、像似の行の行われる時代
教＝仏の教えがある　行＝行は行われるが真実の行ではない　証＝さとりを開く者がいない
③末法の時代…その後の一万年＝教えだけあって、行も証も無い時代
教＝仏の教えがある　行＝行を行う者がいない　証＝当然さとりを開く者もいない

余談ながら、徳川家康の旗印は「厭離穢土《おんりえど》　欣求浄土《ごんぐじょうど》」。穢れた娑婆世界を離れ、清浄な国土へ往生することを願い求める。戦国武将とは思えぬ〝安らかな〟旗印。因みに、武田信玄の旗印は「風林火山」―疾如風　徐如林　侵掠如火　不動如山―。家康生みの母は於《お》大《だい》の方。於大の方は、当山所在地の緒川城主水野忠政の娘。十四歳のとき、岡崎城主松平広忠に嫁ぎ翌年竹千代を出産。父は松平広忠。ご存じのとおり竹千代は徳川家康の幼名。長じて↓松平元康↓徳川家康。

竹千代の父・松平広忠も、於大の父・水野忠政も共に今川系でしたが、水野忠政が織田信長と同盟を結び織田系へ。そのため松平広忠は於大を離縁。一五六〇（永禄三）年松平元康（家康）十七歳の時「桶狭間の戦い」が勃発。駿河の今川義元対尾張の織田信長の戦

い。約二万五千人と圧倒的な軍勢を引き連れた今川義元に対し、その十分の一ほどともいわれる軍勢で立ち向かった織田信長が、今川義元を討ち取り勝利。松平元康（家康）大高城主は今川勢であったが参戦せず、戦後岡崎の大樹寺へ。その負い目もあってか、松平家の墓前で前途を悲観して自害を試みる。大樹寺第十三世登誉住職の説法「厭離穢土　欣求浄土」を聞き切腹を思いとどまり岡崎城へ。そして「厭離穢土　欣求浄土」を旗印としたとのこと。

さて話を元へ戻して「到彼岸《とうひがん》」の道。迷いのない悟りの境地に至る道。大きく分けて二つの道があります。それは難行道と易行道。

＊難行道《なんぎょうどう》…聖道門《しょうどうもん》…自力によって成仏…自力の小舟…諸仏…仏の世界に到るために六つの修行が必要…六度行…六波羅蜜《ろくはらみつ》（Paramita）…悟りへの道
①布施…執着を離れて施しの行をする…財施・法施
②持戒《じかい》…仏の教えに従い正しい行為をする…仲良くする
③忍辱《にんにく》…苦から逃げず現実に立つ…頑張る
④精進《しょうじん》…できることを精いっぱい努め励む
⑤禅定《ぜんじょう》…乱れる心を静め平穏な心を持つ

⑥智慧…真理に目覚め、正しい道理に従う

＊易行道《いぎょうどう》…浄土門《じょうどもん》…他力によって成仏…弥陀の大船…弥陀一仏…本願を信じ念仏申さば仏に成る（歎異抄）…「念仏成仏是真宗《ねんぶつじょうぶつこれしんしゅう》」親鸞聖人が開かれた教えのエキス。

それまでは難行・苦行に耐え抜いた人か、高僧に高額の寄進をして祈祷を頼む金持ち・貴族しか助からなかった。その難行・苦行の一例が「千日回峰行《せんにちかいほうぎょう》」。現在達成者は四十七名とか。途中で止めた場合は自害？　そのために首吊りの紐と短刀を持っていくとか…。

それに対して、親鸞聖人の開顕された易行道・本願念仏の教えは宗教界に一大革命をもたらした。親鸞聖人は一一七三（承安三）年四月一日斜陽の公家・日野有範家で誕生。九歳の時青蓮院門跡《しょうれんいんもんぜき》で出家・得度。この時「明日ありと思う心の仇桜、夜半に嵐の吹かぬものかは」（親鸞聖人絵詞伝）と歌を詠まれたと伝えられています。聖人の感性の豊かさが覗われます。

範宴少年、比叡山に入山し延暦寺で道を求めて懸命に修学（名の変遷…若松丸→範宴《はんねん》→綽空《しゃっくう》→善信《ぜんしん》→親鸞→見真大師《けんしん》）。伝教大師開山の比叡山延暦寺は大乗菩薩道の根本道場と思いきや、範宴少年が目にした延暦寺は奈良仏教と同様、現世利益の祈祷の場となっていたのです。青年僧範宴は道を求めて苦悶。比叡山延暦寺の実態に失望。「外儀《げぎ》は仏教の姿にて内心外道《げどう》を帰敬《ききょう》せり」（正像末和讃・親鸞聖人）。比叡山において二十年にわたり厳しい修行を積まれましたが、青年僧範宴は自力修行の限界を感じるようになりました。

堂僧として比叡山で修行を積む中に仏道があるのか（出家）、山を下りて街に出て生きていく中に仏道があるのか（在家）。煩悶の末、遂に聖人二十九歳、建仁元年辛酉の暦、堂僧を勤めた比叡山を下りて六角堂に百日の参籠。その心境は「定水《じょうすい》を凝《こ》らすと雖《いえど》も識浪《しきろう》頻《しき》りに動き、心月《しんげつ》を観《かん》ずと雖も妄雲《もううん》なお覆《おお》う」（歎徳文《たんどくもん》・存覚《ぞんかく》上人）。九十五日目の暁、聖徳太子の夢告を受けて、すでに比叡山を下り巷で念仏の教えを説く源空（法然上人）を尋ねて入門。

「聖人二十九歳　隠遁《いんとん》のこころざしにひかれて　源空聖人の吉水の禅房に尋ね参りたまいき」（御伝鈔《ごでんしょう》・覚如上人）

そして「建仁元年辛《かのと》の酉《とり》の暦《れき》　雑行《ぞうぎょう》を棄《す》てて本願に帰す」（『教行信証』後序《ごじょ》）

かくして親鸞聖人は難行道《なんぎょうどう》自力聖道門《しょうどうもん》から易行道《いぎょうどう》他力浄土門《じょうどもん》への一大転換を図られたのです。

合掌

《二〇一四・四・三・記》hp №157

# 宇羅盆

当地方のお盆の期間は八月十三日～十六日、いわゆる「八月盆」。「月遅れ盆・旧盆」とも。元来お盆は七月十三日～十六日。これは、私のような古い人間に言わせると「新盆《しんぼん》（にいぼんではない）」。さらに、太陰暦の八月十三日～十六日に執り行われるのが「旧暦盆（私説）」。太陰暦ですから十五日は必ず十五夜の満月。今年の旧暦盆は八月八日～八月十一日で、月遅れ盆と逆転現象。閏月のある年（一年が十三か月）などは太陽暦に対して大幅にずれ、お盆が九月になることも。例えば、二〇二五（平成三十七）などは九月四日～七日。私の若いころにはこの旧歴盆で仏事をしたこともありました。

ところで、「盆」という言葉はどこから来たのでしょう。語源は何なのでしょう。それは「盂蘭盆《うらぼん》」。さらにその源を尋ねると、サンスクリット語の「Ullunbana《ウランバナ》（倒懸の意）」。釈尊の弟子目蓮尊者が、亡くなった実母が天上界に生まれ変わっているかを確認しようと天眼で観たところ、母は餓鬼道《がきどう》に堕ちて倒懸《とうけん》の苦しみに遭っていました。驚いて供物を捧げたところ、供物は炎を上げて燃え尽きてしまい母の口には入りませんでした。困り果てた目連尊者は釈尊に相談。釈尊は亡者救済の秘法を伝授。目連尊者は教えに従って衆僧供養《しゅうそうくよう》をした結果、母はたちまちのうちに地獄から浮かび上がったといわれます。このことからお盆と先祖供養・祖先崇拝の習わしが結びついたのでしょう。

他宗派では、こうした故事になぞらえて、亡父母やご先祖様の霊が、苦しみの地獄から我が家へお帰りになって寛がれるという教えなのでしょう。したがって、我が家が暗くて分からないといけないということで迎え火を炊きます。それからお乗り物。タクシーというわけにも参りませんので、キュウリやナスに割り箸で足を付けて馬や牛を作ります。いらっしゃったらお接待をしなければいけません。盆棚を設え、そこにはお供え物や霊供膳《れいくぜん》。料理のメニューも定められていて、お夜食まであるようで、担当のお嫁さんは大変。余談ながら〝生き仏〟さまも帰省されますので…。お坊さんを招いて「棚経《たなぎょう》」をいただき、十六日には「送り火」を焚いてお送りします。この送り火の名残が大文字はじめ五山の送り火。

親鸞聖人開宗のわが真宗の教えにおいては「霊」は存在しません。したがって、霊がお盆に帰ってくることはありません。迎え火も送り火も必要なし。霊供膳も供養棚も不要。真宗では盆提灯も依用《えよう》しません。代わって「切子灯籠《きりこどうろう》」を用います。当山の切子灯籠は、二センチ角ほどの骨材でできた一辺五十センチほどの正六面体の四面上下の角を斜めにカットし、上下に形成された一回り小さい正方形に高さ十センチほどの枠を付け加えて躯体を形成。その枠材の内面に赤色や青色の和紙を張り付けると火袋が出来上がります。火袋の下端に赤・青・白色の和紙でできた幅三十センチほど、長さ二㍍余の帯状の飾りを取り付けます。一方、火袋の角々からは幅二センチほどの赤・青・白色の和紙十条ほどででき た帯状の飾りを垂らします。

この切子灯籠を南北両余間《よま》に吊り下げ、内陣中心部の本尊・阿弥陀如来の尊前の上卓《うわじょく》・前卓《まえじょく》に打敷《うちしき》を掛け、仏花を立て換えて荘厳《しょうごん》。そして右脇奥厨子《ずし》内の宗祖親鸞聖人絵像、左脇奥の大谷派本山歴代門首の絵像の前卓にも同様の荘厳。さらに、切子灯籠を吊るした左右の余間の荘厳もしなければ。右（北）余間の中心には厨子内に本願寺第八代蓮如上人の絵像、その左には聖徳太子立像の掛け軸、右側には七高僧《しちこうそう》の掛け軸。因みに、七高僧とは親鸞聖人が真宗開顕に至った浄土教相承《そうじょう》の流れの中で聖人が祖師と定められた三国七人の高僧。龍樹《りゅうじゅ》・天親《てんじん》（印度）・曇鸞《どんらん》・道綽《どうしゃく》・善導《ぜんどう》（中国）・源信《げんしん》・源空《げんくう》（日本）の七祖《しちそ》。翻って左（南）余間には、中心に私の先代・第十五世住職、両脇に第十四・十五世坊守《ぼうもり》（住職の妻）の三幅が掛けられ、中心に前卓。この前卓にも打敷を掛け立花します。

内陣の荘厳が完了したところでもう一度清掃してお盆を迎える準備完了。真宗大谷派では、お盆の法要は定例法要の中の「盂蘭盆会《うらぼんえ》法要」として定められ十四日の逮夜から十六

日の晨朝《じんじょう》まで。内陣余間に吊り下げられた切子灯籠に灯が入ると幻想的な雰囲気が醸し出されます。平生のお勤めの時は本尊前の輪灯《りんとう》に灯をともし、線香を焚くのみ、蝋燭に灯をともすことはありません。しかし、宇羅盆会の場合は「総灯・総香」。堂内全ての燭台に立てた蝋燭に点灯し、中尊前の輪灯を始めすべての燈明台に点灯し、すべての香炉で線香を焚きます。上卓・前卓上香炉には火種を入れ、導師が焼香。導師はじめ全員が着座。念珠をかけ本尊・阿弥陀如来を瞻仰《せんごう》し合掌。キン二打あって導師調声《ちょうしょう》、そして声高らかな助音《じょいん》がこれに続き勤行《ごんぎょう》スタート。

当山の本尊は阿弥陀如来立像。『真宗大谷派宗憲』第九条には「本派は阿弥陀如来一仏を本尊とする」と謳われています。したがって、本山はじめ全国に一万ヶ寺近くある真宗大谷派の寺院の本尊は全て阿弥陀如来立像。時折当山に来山参拝される方の中に、集印帳に印をいただきたいとおっしゃる方がありあります。集印帳を開けてみますと、本尊名と寺院名が書かれ、大きな赤い印影が隙間のないほどビッシリ押されていました。仮令《たとい》同じ宗派であっても個々のお寺の本尊はそれぞれ違うようです。ということからしても、当派の寺が本尊名を書いて押印してもあまり意味がないでしょう。それに、直径十センチもあろうかと思われる大きな印は自坊にはありません。多分そういった巨大印を備えていらっしゃる当派のお寺はないでしょう。

本尊談義が長くなってしまいましたが、親鸞聖人の開顕された教えは、奈良仏教や平安仏教とは大きな差があります。また、親鸞聖人とほぼ同時代に開かれ、現在の日本の大方の家庭で信奉されている仏教各派の教えに対しても親鸞聖人の教えは似て非なるものがあります。卑近な言葉で言えば「一味違う」のです。その違いの分かりやすい例が上記の「お盆」の意味のいただき方と行事への関わり方だと思います。若し納得がいかない部分があればあるほど聖人の教えに聞き開いていくご縁になり、延いては正しい信心を得る足掛かりになろうかと…。

合掌

《二〇一四・八・二・記》hp №161

# 命をいただく

九月三十日付け『中日新聞』「県内版」の「ゆめ人きらり」欄が私の眼を惹きつけました。メイン・タイトルは「『命をいただく』学校給食で食育」。六十五ポイント平体明朝二行で三段抜きの大見出し。安城市の栄養教諭亀田愛先生への取材記事が掲載されていました。先生は、安城市南部学校給食共同調理場に勤務し、市内の小中学校で出される給食の献立作りと調理場の衛生管理がお仕事。

さらに学校に出かけ、子どもたちに食の大切さを教えているとのこと。小中学校で、食をテーマにした授業をしたり、子どもたちと一緒に給食を食べたりしながら、豊かな食事が健康につながることを伝えているとおっしゃっていました。また、アレルギーなどがある場合ならばともかく、そうでない場合は好き嫌いなく食べてほしい、と子どもたちへ願いをこめたメッセージ。

そして、記事の最後の数行が非常に印象的でしたので以下に引用してみます。「私は、食事が始まる前に手を合わせて言う『いただきます』の言葉を大切にしています。『いただきます』には、両親や、農作物を作ってくれた人への感謝の気持ちがあるほか、『命をいただきます』という尊い意味がありますとの記述。特に最後の『命をいただきます』の表現には共感を覚えました

以前、地元の小学校で学校給食のお相伴させていただいたことがありました。六年生全員が一堂に会しての給食。招待された教育委員やＰＴＡ委員も子どもたちと同じテーブルで会食。私も教育委員の一員として同席させていただきました。全員が席に着いたところで、給食当番の児童がマイクを持って開始のことば。「手を合わせてください」。すると、フロアーから「手を合わせました」の声。間髪を入れず、児童が声をそろえて「いただきま〜す」。

こうした作法に父母からクレームが付いたとの報道がありました。「公教育の場に宗教を持ち込むのはもってのほか」「一宗一派の儀式を公立学校の給食時に強制するのは憲法違反だ」等々。それで、どこの県だったか、手を合わせて「いただきます」「ごちそうさま」と言うのを止めたという報道も。そうした学校では黙って勝手々々に食べ出すのでしょうか、それとも「よーい、食べよ」とでもいって食べ出すのでしょうか。

「人間は自分一人では生きて行けない」ことは今更言うまでもないこと。もう一歩つっこめば、「人間は自分の命を維持するためには他（の生き物）の命を奪わなければならな

い」という宿業を背負っているのです。生・殺相矛盾するテーゼを踏み台として生きているのが人間であります。ただ、そうした状態に「平然」としていられるかどうかが問題。もちろん他の動物も人間と同様な生き方をしていますが、そこに「平然」ということ自体感じているかどうか…。

その人間の「平然」としていられるか否かの意識への問いかけのキーワードが「いただきます」であり「ごちそうさま」なのでしょう。自分のいのちの営みへの真摯な問いかけの言葉を一緒に声を出して確かめることがなぜ「一宗一派の宗教的儀式の強制」と非難されるのでしょうか、理解に苦しむところです。

因みに、「手を合わせる」という行為も「一宗一派」に限られるものでなく、世界中のほとんどの宗教でディテールの違いはありましょうが、共通して行われている祈りの姿だと思います。人間の「心」を問う時の身体の動きは手を合わせることと、身を投げ出してひれ伏すことに尽きるのではないでしょうか。

両手を胸の前で合わせるということは、文字通り「心」が「ハート」へ帰趨することであり、同時に武器（我）を棄てて一心に祈る姿でありましょう。一方ひれ伏す姿も、全ての装飾物をはぎ取って頭を下げ、裸になって全身を投げ出し、全てを神や仏にお任せすることを宣言しているのでしょう。自分をゼロにして絶対者に帰依・帰投する姿なのです。

これまさに「五体投地」。

話を元に戻して、給食のはじめに児童・生徒が手を合わせて「いただきます」、そして終わったら同じく手を合わせて「ごちそうさま」をするのは、食材を生産してくださった方々や調理に携わった人々に感謝の気持ちを表すことはいうまでもないことですが、それにも増して、私の命を支えるために命を奪われた「生き物」に対する人間の心の痛みを子どもたちに目覚めさせる絶好の教育の場であると思います。

牛や豚にも魚にも命があります。大根だってニンジンだって、お米だって命があります。その尊い命をいただいて私の命が維持されているのです。大自然の大きな一つの命を、生きとし生けるものが共に生きているのです。冒頭部分の亀田先生の『命をいただきます』の受け止め方は、仏教の生命観にピタリだと共感を覚えました。生態系の循環の中の一員として、大自然の恵みへの感謝と痛みの心を忘れずに毎日毎日の食をいただきたいものです。

合掌

《二〇一二・一〇・二・記》hp No.139

# 報恩講

当山年間最大の仏事・報恩講には、お華束《けそく》をお供えします。お華束とは、お餅のお飾り。これまたご門徒のご奉仕のもと毎年々々続けられてきました。確か一九六〇（昭和三十五）年ごろまで続いていたかと思います。報恩講の三～四日前、早朝六時ごろに竈《かまど》の担当の方がいらして、薪に着火。大きなお釜の上に餅米を入れた蒸籠《せいろ》を五段ほど積み上げて蒸気の上がるのを待ちます。どんどん薪をくべ火力を増強。蒸気が勢いよく噴き出したころ餅つき担当の方が来山。

石臼や杵を熱湯で暖め、いよいよペッタンコ開始。一人が四段の蒸籠を持ち上げ、もう一人が最下段の蒸籠をお釜からはずして石臼の上で反転し、蒸し上がった餅米を一気に石臼の中へ。餅つきは大変な作業。私も一臼搗きましたが、ヘトヘト。搗きあがった餅を、餅取り粉を敷いたのし板に移して次の作業。のし棒を使って平に延ばします。厚さ八㎜ほどになるまで均等に圧延。この延べ餅を直径四十ミリほどの円形刃筒で型抜き。お華束素材の丸餅四千個のできあがり。これを番重に並べ硬化を待ちます。

一～二日後、適度に硬化した丸餅を荘厳用具に飾り付けます。まず下ごしらえとして、長さ約三十センチ、直径四ミリほどの竹串に丸餅を刺します。三十個ほどの丸餅を文字どおり〝団子刺し〟して一本できあがり。これが一飾りに十本必要。お華束は、中尊（本尊）前に六飾り、祖師（親鸞聖人）前に四飾り、合計十飾りお供えしますので、この串刺し餅を百本作らなければなりません。しかし、常連の奉仕隊が手際よく進めますので、それほど時間は要しません。

次は、基盤に直立する直径九センチほどの丸太に出来上がった串刺し餅を巻き付ける作業。まず#34の糸針金を丸餅の上から五段目ほどの間に挟み込み、串刺し餅十本をつるべ、脱落しないように気をつけて丸太に巻き付け、糸針金を締めて固定。次に、下から五段目ほどの間にも糸針金を挟み込み、十本の串を束ねる要領で締め付けます。丸太を中心に直立した十本が均等に円形に配置されるように調整。あと九飾りも同様な手順で進め、一連の作業は終了。

ホッとする間もなく次の作業に取りかかります。それはお華束の「須彌飾《しゅみ》り」。「エッ！須彌って何？」とのお声も…。いささか長くなりますが、私なりの解説を試みてみましょう。そもそも須彌飾りの須彌は「須彌山《しゅみせん》」（梵語のSumeru）からきています。しからば須彌山とは？日本語では「妙高山・妙光山」と訳され、仏教の宇宙観で世界の中心にそびえ立つ高山のこと。

仏教の宇宙観では、虚空に百六十万由旬の風輪があり、その上に厚さ八十万由旬の水輪、さらに厚さ三十二万由旬の金輪があって、表面は厚さ八万由旬の海水で覆われており、その中央に須彌山があるという。周囲を持雙・持軸・擔木《えんぼく》・善見・馬耳・象鼻・尼民達羅《にみんだつら》の七金山が囲み、最も外側には鉄囲山《てっちせん》があって、山と山との間は海であることから、総称して九山八海。山と海の幅はそれぞれ八万由旬で、尼民達羅山の間の四大海水の中に、東・勝身洲、南・贍部洲《ぜんぶ》、西・牛貨洲《ごけ》、北・倶蘆洲《くる》の四大洲があり、人類が居住する所は、閻浮提《えんぶだい》ともいわれる贍部洲。

二十一世紀を生きる我々の宇宙観とは趣を異にしていますので、ピンと来ないかと思いますが、要は宇宙の中心に須彌山があるということなのでしょう。その須彌山をかたどって作られたのが「須彌壇《しゅみだん》」。形は四角・八角・円形などあるようですが、当派においては、四角を依用しています。下から壇を上窄《うえすぼ》みに数段積み上げたところに仏国を象徴する彫もの。再び壇を積み上げますが、今度は上広がり。数段積み上げて天板に至り、天板上三方に高欄を設けます。

当山の本尊・阿弥陀如来は須彌壇上の蓮座に奉安されています。そして、わが浄土真宗の開祖・親鸞聖人の御影を奉安した御厨子《おずし》や、当派第八代蓮如上人の御影をお掛けした御厨子も須彌壇上に安置されています。この須彌壇、寺院のみならず各ご家庭でもお馴染み。お内仏（お仏壇）正面に、ご本尊阿弥陀如来のお仏像あるいはご影像が安置されています。仏華や香炉やローソク立てが乗っかった前卓があって見えにくいかも知れませんが、奥に須彌山をかたどった須彌壇があります。

須彌山談義が長くなってしまい失礼、話をお華束の須彌飾りに戻しましょう。須弥飾りは、串刺しの餅を巻き付けた丸太の上にお華束の丸餅を須弥壇状に積み上げます。小・中・大と径の異なる丸餅に串を横に刺し、小から大へと上広がりに積み上げ中板を置く。中板上にみかんを円形に並べ置きその上にもう一枚中板。再び丸餅を数段積み上げます。最後は上窄みに積み上げ、中心頂点に大みかん一個を置いて積み上げ完了。そして仕上げは彩色。下部に小餅五個分の幅の帯を下から白、藍、白、紅、白、藍の順に食紅で描きます。

かくして出来上がった十飾りのお華束は見事。金に赤裏の「方立《ほうだて》」を立てた「金供笥《くげ》」に一飾りずつ盛ってお供えします。中尊前は、須彌壇上向かって左側に三飾り、右側に三飾り計六飾りをお供えします。祖師前は、須彌壇上お厨子の左右二飾りずつ計四飾りを、中尊前同様に金供笥に盛ってお供え。お華束一飾りの重さは十kg余。高所の金供笥に盛るには相当の体力を要します。飾り終わってヤレヤレ。外陣《げじん》に座って両尊前のお華束を拝見すると実に見事。藍・赤・白・橙の色が内陣の照明に照らし出されて実に鮮やか。

そうそう、外陣についていささか説明を加えましょう。当山本堂の様式は、向拝《ごはい》の階段を上がって先ず「大間《だいま》」に入室。大間は一般参詣者が座る畳敷きの大広間。大間より七センチほどの段差上に、奥行き一間、幅七間の畳敷きの「外陣《げじん》」があります。さらに三十センチほど高い位置に板張りの「内陣《ないじん》」。内陣は、正面中心の幅三間奥行き三間の「本間《ほんま》」と、北・南「餘間《よま》」で構成されています。向かって右が「北餘間」、左が「南餘間」。いずれも幅二間奥行き三間で、床面は本間より九センチ落ち。

報恩講で特別の荘厳をするのは南餘間。日常は、開基《かいき》と前住職等の法名軸を奉安。因みに、当山の開基は一五二二（大永二）年住職となった良空法師。天台宗から真宗に改宗し寺号も「歸命寺」から「了願寺」と改称。報恩講では、これらの法名軸を取り外し「親鸞聖人繪傳」四幅をお掛けします。この繪傳、第六代任誓住職の一七〇〇（延享）年代に本山より下付されています。文字どおり絵解き伝記ですが、文字で伝えられているのが『御傳鈔《ごでんしょう》』。報恩講の法要ではこの巻物の御傳鈔を独特の節を付けて拝読します。

以上、報恩講の内陣拵《ごしら》えの重要ポイントをピック・アップさせて戴きましたが、もう一点日常の荘厳と異なる、報恩講独特の荘厳作法に触れておきましょう。それは「お佛供《ぶく》さん」「お佛飯《ぶっぱん》」。当派では、厳密にいえば「佛供」と「影供《えいく》」。本尊阿彌陀佛にお供えするのは佛供、祖師（親鸞聖人）前や御代（本願寺前代々上人）前にお供えするのは影供。祖師や代々上人は「佛」でなく、奉安されているのはそれぞれの御影（肖像）だから、ということでしょう。

当派の佛供・影供は、白飯を円筒形の型《がた》によそって、木製のピストンを押し下げて円柱状に成形したもの。なお、円柱の天端が面取りされているのが理想的。これは、円形ピストンの押す面を円形に彫り込むことによって可能。しかし、報恩講で祖師前にお供えする影供は、これらとは大きさも形も型も全く異質。影供の大きさは、上部直径は百六十五㎜、下部直径は百四十㎜余、高さは約百四十㎜。四分割できる木彫りの型に約一升の炊きたての白飯を盛り込み、しっかり押し固めて佛器の上に立て、木型を外すと上広がり下窄みのずんぐりしたスタイルの影供が出来上がります。これを祖師前にお供えします。時恰も報恩講勤修お知らせの梵鐘が鳴り響きます。

合掌

《二〇一八・四・三・記》hp №205

# 悪人正機

去る十月二日、大学時代の友人三人が来山されました。「32会」の山本晴夫氏、富田公弘氏、佐藤豊氏。三氏とも名古屋市立小中学校の教員として名古屋市の教育振興に尽力。最後は校長職で定年退職。在職中はもちろん、退職後もともに講話を聞き、会食し、酒を飲み交わし語り合った仲間。

「32会」というのは、愛知学芸大学（現・愛知教育大学）の同級会。在学年次昭和三十二年の32から命名。因みに32会には、名古屋部会・尾張部会があり、会員数は名古屋部会が百七十名余、尾張部会が百五十名余。私は私立高等学校勤務でしたが名古屋部会に入れていただいておりました。

上記三氏は過去にも度々ご来山されましたが、山本氏はよくお電話もいただき格別親しくおつきあいいただく仲。昨年六月の本ホームページ法話183「名刹焼損」の中で、架電いただいた方が「名古屋在住の大学時代の同級生」と記させていただいたのも、この山本氏。

今回ご来山の向きは、富田氏が『歎異抄《たんにしょう》』についてお聞きしたいと言っているとのこと。

山本氏が事前の電話でおっしゃっていました。当山のご門徒との日常会話の中でも、そういったお訊ねをされる方は少ないなか、ご殊勝なことだと思い快諾させていただいた次第。

呈茶の後、大学時代の思い出話あれこれや、教員時代の苦労話等々雑談をしているうちに、自然の流れで『歎異抄』に入っていきました。『歎異抄』といえば、何といっても第三章「善人なおもて往生をとぐ、いわんや悪人をや」。高等学校の教科書にも引用されている一行。広く人口《じんこう》に膾炙《かいしゃ》している有名な法語。

では、なぜこの一行が人々の心を打つのか。一言でいえば、「パラドックス（逆説）」だからなのではないでしょうか。話がここへ来たとき、富田氏は身を乗り出してポンと膝を打ち、「そうそう、パラドックスなんだよ！」とひと声高く叫び、いささか興奮気味。

「善人なおもて往生をとぐ、いわんや悪人をや」。現代語に直せば、「善人でさえ浄土へ生まれることができる、まして悪人は申すに及ばない」の意。現にこの身の置かれているこの地盤を深く揺り動かす響き。しかし、そのまま肯定することができない我が身。この不審の念を生ずるのは、我々には善人・悪人についての習慣的心情が根を下ろしているからなのでしょう。

一般常識では、「悪人なおもて往生をとぐ、いわんや善人をや」なのでしょう。「悪人がたすかるならば、まして善人がたすかるのはいうまでもないこと」。聖人も続けて、「しかるを、世のひとつねにいわく。悪人なお往生す、いわんや善人をや。この条、一旦そのいわれあるににたれども、本願他力の意趣にそむけり。そのゆえは…」とおっしゃっています。

弥陀の本願における悪人への心の傾きは、「悪人でさえも」というのではなく、「悪人だからこそ」とお教えいただくのです。悪人でさえもといえば、善人が主流となり、悪人は傍流となる。本願は悪人のために起こされ、悪業の重さを知らしめたその上で、みなもらさず救おうと誓われたのです。悪人にこそ救いがある、悪人こそ他力本願の正客である。聖人の教えが「悪人正機」いわれる所以でしょう。

この『歎異抄』は一言でいえば、親鸞聖人《しんらんしょうにん》の晩年の語録。誰が著したのか。親鸞聖人が書き残された「作品」ではありません。じゃ、誰が書いたのか、著者は誰か。本願寺二世の如信、同三世の覚如等、諸説がありますが、親鸞聖人の直弟子、常陸国の河田の唯円《ゆいえん》とするのが定説。唯円を著者とする説の根拠は、「唯円房はわがいふことをば信ずるか」と本文内に記されていることによるとか。

三氏の来山のことから『歎異抄』に関してとりとめもなく、あれこれ筆を執らせていただきましたが、十月十日同じく32の同級生鈴木卓氏の訃報が入りました。ビックリ。同じ32会のメンバーであることとともに、ご令閨のご縁もあって三十年ほど前でしたか、当山・了願寺のご門徒に仲間入りされました。

ご令閨は尾張国星崎荘大江（現・南区元鳴尾町）の永井家のご出身。ご一統からはからは、外交官・ＩＯＣ委員・貴族院議員を勤められた永井松三氏や、作家・永井荷風氏を輩出。永井家は当山最古のご門徒で、慶長年間以来四百年余のおつきあい。当山境内本堂西の墓地には、永井家歴代の墓石が二十基余列を成しています。

突然の訃報を受けて、早速緑区長根町のご自宅へ「枕《まくら》勤《つと》め」に参上。鈴木卓氏は、仏前で安らかに横になっていらっしゃいました。彼は自衛隊除隊後向学心に燃え、愛知学芸大学に進学。卒業後は、名古屋市の体育教員を勤められ、校長職で定年退職。命終されたのは十月十日、何と体育の日。これも不思議な巡り合わせと申しましょうか、ご縁と申しましょうか。

彼は病死でしたが難病だったとかで、大学病院側から遺体の解剖させてほしいと請われ、遺族はこれを快諾。そのため葬送の日程も遅れ、結局十三日に通夜、十四日に葬儀を営むことに決定。一連の葬送の儀式は真宗大谷派の法式作法に則り、私が主宰して執り行わせていただきました。

何とも悲しい同級生の旅立ちの話で、この「法話」を締め

くることになってしまいました、残念。しかし、これもお聖教の「我やさき人やさき」の教えをよくよく聞けよとのご催促かも。本願寺中興の祖・第八世蓮如上人《れんにょしょうにん》は、全国各地に足を運ぶとともに、教義を分かりやすく説いた消息（手紙）を数多発信して布教に努められました。現今ならばE-mailでしょうか。

その消息（手紙）のうち八十通を編纂したのが『御文《おふみ》』。その五帖目第十六通「白骨」の御文には、

それ、人間の浮生《ふしょう》なる相をつらつら観ずるに、おおよそはかなきものは、この世の始中終、まぼろしのごとくなる一期《いちご》なり。されば、いまだ万歳《まんざい》の人身《にんじん》をうけたりという事をきかず。一生すぎやすし。いまにいたってたれか百年の形体《ぎょうたい》をたもつべきや。我やさき、人やさき、きょうともしらず、あすともしらず、おくれさきだつ人は、もとのしずく、すえの露よりもしげしといえり。されば朝《あした》には紅顔《こうがん》ありて夕べには白骨となれる身なり。…

と認められています。心に銘じておきましょう。

合掌

《二〇一七・一一・三・記》hp №200

貳の章

# 念仏の教え弘まれかし

―教化伝道のこころ―

# 廃仏毀釈《はいぶつきしゃく》

秋のお彼岸も過ぎ、朝晩は風の冷たさを感じる時節となりました。「お彼岸」といえば、春秋ともにお墓参りとかお寺参りが思い起こされ、マスコミなどもニュースの一端に取り上げます。当山ではご案内のとおり、毎年秋のお彼岸には「永代経法要」を勤修しております。本年も九月二十三日のお彼岸のお中日（秋分の日）にお勤めしました。午前・午後合わせて百余名の方々が参詣されました。

「彼岸」の元々の語形は「到彼岸」で、意味は「彼岸に到る」。梵語の「波羅蜜多《パーラミータ》」の訳語です。此岸（苦悩の世界）から彼岸（悟りの世界）へ到るご縁をいただく時節がお彼岸ですが、インドはもちろん中国・韓国等にもない日本特有の催事。日本的な意味づけの仏教行事がお中日を中心に前後三日、計七日間に執り行われます。また、秋分の日と春分の日は、昼と夜の時間が同じで、太陽が真東から昇り真西に沈むことから仏教の「中道」の教えに合致しているうえに、西方浄土への往生を願う思想とピッタリ。

そのお彼岸も二十六日の「果て岸」で終わり十月を迎えました。十月は「神無月」。日本国中の神々が出雲の国に集まり、地方には神がいなくなるため十月を「神無月《かんなづき》」というのだそうです。日本では、神々への信仰が古代から現代に至るまで連綿と続いています。神々への信仰は、いわば日本人の民族的宗教といってもよろしいかと思います。

明治時代に政府が行った一八六八（明治元）年の神仏分離令など祭政一致をスローガンとする神道国教化政策、神仏分離政策によって「廃仏毀釈《はいぶつきしゃく》」の運動が起こり、神仏分離・仏教排斥の嵐が全国的に吹き荒れました。国学者平田篤胤《あつたね》の学説に裏打ちされた神道思想、いわゆる平田神道がその影響力を拡大していき、寺院・仏像の破壊や経典の焼却も行われました。

当時は神仏習合寺院・神社が数多ありましたが、神仏分離と言いながら本音は仏教を潰そうという方向を目指していました。他宗派ではそうした騒動による被害が甚大でしたが、我が浄土真宗においては、親鸞聖人の教えに基づいてもともと神祇との交渉が無かったため直接的に破却を受けたケースは殆どありませんでした。

ただ、藩政から転換期の行政官等の方針によって、宗教政策が異なっていた面もあり藩によっては混乱が生じたところもありました。「大浜騒動」といわれる三河で起きた護法一揆がその一例です。三河大浜支庁に上総国菊間藩の服部純少参事が赴任し、明治政府の方針に従い村法の改正や勤王主義教育、神仏分離などの宗教改革を実施。施策は、寺を統廃合したり天拝日拝を強制したりするなど廃仏的な内容だったようです。

服部純少参事は、宗教改革の一環である寺院の合併について十か条の質問をしました。その中から例を二〜三挙げますと以下のようです。

・檀家の無い寺院は、古い新しいを問わず他の寺院に合併することにしたらどうか。
・檀家の少ない寺院については、十軒以下、五十軒以下、百軒以下のいずれかをもって、他の寺院と合併したらどうか。
・居村に檀家が無く他村に檀家の多い寺院は、最寄りの寺院に合併したらどうか。

これに対して真宗大谷派の専修坊・星川法沢、蓮泉寺・石川台嶺両師らが中心となって反対運動を起こしました。一八七一（明治四）年三月八日連判血誓した僧侶達が大浜に向かって請願に出発。少参事の村法の改正などに反発していた門徒農民もこれに同調して加わり、「一揆」の様相を呈することになりました。

龍讃寺の竹を使って高張提灯を作る門徒の中に竹槍を作る者が現れ、他の門徒もこれを真似し、ほぼ全員が竹槍を携えるに至りました。そうしたこともあってこの騒動、藩兵に鎮圧され、首謀者と目された石川台嶺師が斬罪となったのをはじめ、僧侶三十一人、門徒九人が有罪となりました。かくして「菊間藩一揆」と呼ばれる大浜騒動は後味の悪い結末となりました。

こうした騒動発生の根源には、神道を国政に利用する国家神道の流れがありました。その流れは一八六八（明治元）年に発せられた「太政官布告神仏分離令」に始まり、一九四五（昭和二十）年八月の太平洋戦争終戦に至るまで連綿と続きました。私が国民学校（小学校）二年生のころ、太平洋戦争の暗雲が低く垂れ込めるなか、「隣保班」を通じて国からの神祇の強制があったことを思い出します。

「神祇不拝」を根本教義とする真宗寺院においては、神棚を祀る必要はありません。我が了願寺でも開基以来五百年に垂んとする歴史のなかでもその前例はありません。ところが、一九四三（昭和十八）年の年末か一九四四（昭和十九）年の始めか記憶が定かではありませんが、隣保班の班長と在郷軍人らしき人がやって来て、神棚を設えてお神札を祀るようにと威圧的に言い渡されました。

私の父親である住職は一九四一（昭和十六）年に病死

しており、当時は母親である「坊守」が実質的に法務を執って文字通り寺（坊）を守っていました。当時、「女」が〝お上の命令〟に対して抗弁することなどさらさらできず、不本意ながら神棚を置かざるを得ない結果となりました。もちろん、終戦と同時に神棚は撤去し真宗寺院本来の姿が回復されました。

神々への信仰は、古代から現代に至るまで続く日本の民族的宗教といえましょう。戦前・戦中には、その信仰を土壌として国家神道が創建され、戦意高揚の役割を担いました。このような神祇信仰と大陸から伝来してきた仏教が「神仏習合」という独特な形態をとって今日に至っているのです。

しかし、浄土真宗では「神祇不拝」「神祇不帰」を教義の根本精神としております。親鸞聖人は『教行信証』「化身土巻《けしんどかん》」に、神祇を頼る人たちを嘆いて次のように記していらっしゃいます。まず『涅槃経《ねはんきょう》』を引用して、「仏に帰依《きえ》せば、終《つい》にまたその余の諸天神に帰依せざれ」と。続いて『般舟三昧経《はんじゅざんまいきょう》』にある次の文言が引用されています。

余道《よどう》に事《つか》うることを得ざれ
天を拝することを得ざれ
鬼神《きじん》を祠《まつ》ることを得ざれ

## 吉良日《きちりょうにち》を視《み》ることを得ざれ

まさに神祇不拝《じんぎふはい》そのものズバリです。ただ、ここで気をつけなければならないことは、「得ざれ」の文言。これは「～するな」という禁止の命令句ではありません。「～する必要のない身となれ」といったらよろしいか、あくまでも自覚した上での心身の用《はたら》きが求められているということでしょう。他律的な心身の動きであるならばそれは「目覚め」ではなく一時的な心身作用で、気分が変われば元の木阿弥となってしまうでしょう。いずれにしても、仏の教えに帰依するならば、仏に対する堅い信心があるならば、天の神を信じ地の神に祈りを捧げたり、善鬼神に頼ったり悪鬼神を畏《おそ》れたり、日柄・方位の祟《たた》りを恐れる必要が無くなるとお教えいただくのです。

とはいうものの、日常生活のなかで不本意な状況に陥ると、人間は吉凶禍福を左右する「神」を立て、その人間の外にあってその人間を支配する神に帰依することになってしまいがちです。そういう結果を招く根本に何があるかといえば、それは自分の欲望。戦勝祈願、病気平癒、五穀豊穣、家内安全、延命長寿等々一見きれいな言葉に聞こえますが、内実は欲望を満たそうとする心が、そのままよろずの仏・菩薩・神への信仰の形となっていくのでしょう。その意味では、神仏は人間の欲望が外に現れた姿ともいえましょう。

しかし、こうした信仰態度は果たして本来の仏道といえるでしょうか。いうまでもなく「否」です。聖人の教えでは、苦悩している状態から何とかして抜け出そうという発想の延長線上に神仏を拝むのではなく、拝むことによって苦悩の実態を掘り下げてその病根を掴みだし、仏智に照らされることによって苦悩のメカニズムが明らかになってくるのです。苦しみの仕組みが明らかになることに依って、苦しみが苦しみの形を失って受け入れることができるようになる、とお教えいただくのです。

合掌

《二〇一一・一〇・二・記》hp №127

# 尾張大江永井家のこと

先月の初旬、愛知県碧南市教育委員会事務局の学芸員・豆田誠路氏が来山されました。永井直勝について調査しているので、関係深い当山から永井氏に関わる故事来歴をお聞きしたいとのことでした。碧南市の東端、かつて直勝が住んでいた屋敷跡があるとのことなので、永井家とは関わりの深い地域だということはかねがね聞いていましたので、お役に立てばと来山調査されることについて快諾しました。そうした〝ご縁〟に触発されて、私自身も永井家と当山の関係を改めて調べてみることにしました。

当山本堂の真裏（西）の墓地に「永井家」の区画があります。そこには永井一統の墓碑三十余基が建ち並んでいます。その区画の中心に「潮岸院釋良善」「清月院釋妙善」と刻銘された墓碑が建っています。夫君良善位は一六五九（万治二）年十一月十八日、ご令閨は一六七六（延宝四）年五月二十六日に入寂されています。四代将軍徳川家綱の時代。

当山の過去帳にも同様の記載がありますが、この潮岸院が大江永井家の初代で、俗名は永井正直。その永井本家の当代（第十五代）は東京都世田谷区成城にご在住ですが、永井家の元々の本拠地は現在の名古屋市南区に位置する「荒井村」。さらにその淵源を訪ねると、当山の所在地「緒川村」。東永井の故永井勝三氏より一九六二（昭和三十七年）に当山に寄せられた調査結果には次のように記されています。

寛政十二（一八〇〇）年三月十一日尾張藩士稲葉喜蔵ハ、藩命ニ依リ当寺ヲ訪レ住職九世恵慶ト面接シタ記録ニハ、緒川ノ郷ノ民家ノ系図ヲ悉ク調査シタルニ、了願寺須弥壇ニ保管シタル過去帳ニ依ッテ当寺ノ檀徒永井伝四郎ノ同胞弟ガ永井伝八郎大江直勝デアル事ガ判ッタ

更に、永井伝八郎直勝については、

緒川村ニ生マル、幼ニシテ親ヲ失ヒ、親戚ノ大浜町羽城城主長田直吉ニ養育サレ、十四歳ニテ岡崎三郎信康ニ仕ヘタガ、信康自害シタタメ帰家シ、天正七（一五七九）年義妹ノ婚家緒川村ノ沢田孫八郎（緒川城主水野下総守ノ家臣）ニ寄寓ス。翌年東端城（現・安城市）城代トナリ、寺津城主大河内秀綱ニ女由利姫ヲ娶ル。此年家康公ノ近侍トナル。

同十（一五八二）年正月長子伝太郎正直生ル。同十二年小牧対陣ニ公ニ従ウテ出陣。四月九日長久手合戦ニテ敵将池田信輝ヲ討チ殊勲其他事績甚ダ多イ。累進シテ従五位右近大夫ニ任シ古河城城主七万二千石ヲ領ス。　—以下略

これらの史料を基に判断すれば、永井直勝伝八郎が緒川村に在住していたことは間違いなく、さらに永井家が当時より了願寺の檀徒であったことも間違いない事実のようです。ただ、その後永井伝八郎直勝は、永井伝太郎正直生誕二年後に長久手合戦に出陣。敵将池田信輝を討ち取って殊勲を挙げ、従五位下右近大夫に任じ、石高七万二千石の古河城城主に叙せられたとのこと。一六二五（寛永二）年没、茨城県古河の永井寺に葬られました。

永井直勝のことで行数が膨らんでしまいましたが、直勝の長子で尾張大江永井家の始祖・永井伝太郎正直に話を戻しましょう。正直は、永井直勝・由利姫の長子として出生。しかし、三歳の時父・直勝が小牧出陣中の一五九四（天正十二）年、母由利姫が病没。戦乱の中、直勝は東征西戦のため正直の養育は家臣に託されました。星崎の地（現・名古屋市南区）の家臣の生家で成長したとのこと。

伝太郎は長じて一六〇七（慶長十七）年星崎の庄荒井村に一家を創立。幼名伝太郎転じてフルネームは永井久右ヱ門大江正直。腹違いの弟尚政は、古河城主から山城国淀城に移

封され、十万石を領したとのこと。同じく異母弟の直清は三万六千石を領する高槻城主となりました。これに対して長兄正直は対照的と申しますか、荒井村で農業を営み塩の製造販売に力を尽くしました。

前述のように永井本家の第十五代当主・永井素夫氏は東京・世田谷に在住ですが、名古屋市南区元鳴尾町には永井氏一統の家々が現存します。今は国道一号線至近の天白川河口近くに立地する鳴尾町ですが、当時は製塩できるほどの海水の満ちた海岸だったのでしょう。「潮岸院」という院号も当時の地形と生業を類推するに余りある意味を持っていると思います。

さて、初代から現十五代に至るまでの四百年に及ぶ永井家系譜の中から数々の有能・有名な人材が輩出されています。私の独断と偏見で思いつくままに、そうした方々をピックアップして以下に記したいと思います。その著名度と実力でまず登場願うのは何といっても作家・文学者の永井荷風でしょう。

永井荷風は、十二代正履代の分家永井匡温久一郎禾原・つね夫妻の長男で、本名は壮吉。彼は、今さら解説する必要のないほどの有名な文学者ですが、了願寺との関わりに視点を絞って以下に記します。荷風は病身で中学時代を過ごしたのち、一家ともども上海に渡航。帰国後、出身校・東京高師附属中学校の校友会誌『桐蔭会雑誌』に「上海紀行」を発表。

これは荷風の文壇デビューといってもよい一編で、作家の才能の片鱗を覗かせる作品であったとか。

その後旺盛な創作活動を続け、数々の作品を発表。二十四歳の時、実業を学ぶため渡米。帰国後『あめりか物語』を発表。その他の代表作としては『ふらんす物語』『濹東綺談《ぼくとうきだん》』『踊子』など。昭和二十七（一九五二）年に文化勲章を受章。荷風は生来〝名古屋嫌い〟とおっしゃっていたとか。鳴尾の本宅へ来たこともなく、当山にある永井家一統の墓参りもしたことはありません。したがってご本人の墓も当山になく、東京は雑司ヶ谷の墓園に建てられているとのこと。

荷風の父親・永井匡温久一郎禾原も有名人。一八七四（明治七）年アメリカのプリンストン大学を卒業。帰国後文部省の局長などを歴任し、退官後は日本郵船に入社。上海支店長などを務めた後、顧問に就任。漢詩を鷲津毅堂に学び秀作の数々を残しています。詩集『來青閣集』を著作。この詩集、荷風より寄贈を受けて当山にも所蔵されています。

詩集は紺色布地で装丁された帙に収められています。15センチ×26センチの和綴じ本四冊に第一巻から第十巻までの一千百八十首の『古今體詩』を収録。一九一三（大正二）年十二月に復刻発刊されています。当山への贈呈主は永井荷風で、添書には以下の文言が記されています。「先人遺著來青閣集今般印刷に付し候間一部進呈仕候　御閲覧を賜り候はは大幸之至りに奉存候　敬具　　大正二年十二月　永井壮吉」

　坂本釤之助。永井匡温久一郎禾原の第三弟（荷風の叔父）。二十八歳で上京し漢学や書を学び、三十三歳で松山藩士坂本政均の養子となる。福井・熊本・鹿児島県知事を歴任後名古屋市長に就任。貴族院議員にも勅撰され、一九三四（昭和九）年には枢密院顧問官に任ぜられました。一九三四（昭和九）年八十歳で亡くなられました。小説家・詩人の高見順は、坂本釤之助の福井県知事時代の非嫡出子、本名は高間芳雄。一九〇七（明治四十）年生～一九六五（昭和四十）年没。タレント・エッセイストの高見恭子は高見順の実子。

　第四弟の大嶋久満次氏は一八六五（慶応元）年鳴尾の宗家で出生。東京帝国大学法科大学英法科を卒業して法制局参事官補に就任。一八九四（明治二十七）年大嶋家の養子になり、一九〇七（明治四十）年台湾総督府の民政長官に補任されました。一九一一（明治四十四）年九月退官し、一九一二（明治四五）年には神奈川県知事を拝命。一九一五（大正四）年三月第十二回普通選挙に出馬し衆議院議員に当選。一九一八（大正七）年四月病没。享年五十三歳。

　三代遡って第八代永井松右衛門匡遄は有名な

儒学者。号は星渚、通称眕齋先生。儒学を市川鶴鳴に師事。その後独学の時期を経て忠敬説を提唱。門弟は数百人あったとのことで、伊藤両村、澤田眉山等の有名人も名を連ねています。当山十世の本田正因住職も門弟の一人だったとの記録があります。当山の永井家一統の墓地区画に「眕齋先生の墓」と標記した墓碑があります。一八二〇（文政三）年三月建立。

永井勝三氏が、一九六二（昭和三十七）年七月発行の当山時報『受教』第三号に寄せられた永井星渚に関する文書には次のように記されています。

尾張藩士（四百石）明倫学堂督学細野要斎（一八〇七～一八七八）著感奥漫筆ニ載スルニ星渚学舎ヲ訪レテ調査ス、

又嘉永五（一八五二）年九月二十八日緒川村角屋七左右衛門室ニ泊シ翌日了願寺ニ詣デ住職良因ノ案内ニテ星渚ノ墓ヲ展シ碑文ヲ写シテ記ス

世代は下って、第十三代永井松右衛門松三（荷風の従兄弟）は一八七七（明治十）年生。東京帝国大学卒業後外務省に入り領次官補となり、天津領事館、ニューヨーク領事館、ワシントン公使館に勤務。一九〇八（明治四十一）年十一月サンフランシスコ領事代理を拝命したのち総領事となり、一九一八（大正七）年にはイギリス大使館参事官に就任。一九三〇（昭和五）年ロンドンで開かれた海軍軍縮会議では、若槻礼次郎主席全権大使とともに全権委員として出席。一九三三（昭和八）年ドイツ駐在特命全権大使に補任されました。終戦後の一九四七（昭和二十二）年、日本体育協会日本オリンピック準備委員会議長に就任。戦後日本のオリンピック参加復帰に尽力。一九五八（昭和三十三）年五月十八日病没。享年八十歳。

以上了願寺門徒・永井家について私なりに調査した結果を纏めてみましたが、間違った部分がありましたらご指摘・ご指導ください。

合掌

《二〇一二・六・五・記》hp No.135

# 真宗大谷派の本尊

真宗大谷派ご門徒のお内仏の本尊は、阿弥陀如来の木立像または阿弥陀如来絵像（掛け軸）。これは、わが宗派の憲法である『真宗大谷派宗憲』の第九条「本派は阿弥陀如来一仏を本尊とする」に則ったもの。寺の本尊の阿弥陀如来は殆どが木立像ですが、ご門徒のお内仏の本尊は木立像が二割、絵像が八割といったところでしょうか。木立像の方が尊くて、絵像は代用品である、という意味は全くありません。

お内仏の正面には、本尊の両脇に「お脇掛け」が掛けられています。向かって右側には、「帰命尽十方無碍光如来《きみょうじんじっぽうむげこうにょらい》」の十字名号、左側には「南無不可思議光如来《なむふかしぎこうにょらい》」。ペアで九字・十字名号と呼んでいます。十字名号「帰命尽十方無碍光如来」の出典は、インドの高僧・天《てん》親《じん》（世親）菩薩撰述の『無量壽經優婆提舍願生偈《むりょうじゅきょううばだいしゃがんしょうげ》（浄土論）』。天親菩薩がこの中で、「世尊我一心 帰命尽十方 無礙光如来 願生安楽国」と著し、自己の信念を表したことに基づいています。

一方、左側「南無不可思議光如来」の出典は曇鸞《どんらん》大師の『讃阿弥陀佛偈《さんあみだぶつげ》』。曇鸞大師が

『讃阿弥陀佛偈』の中で、「不可思議光一心帰命稽首礼」と著され、自己の信念を表したことに基づいています。なお、こうした九字・十字名号をお脇掛けではなく、名号本尊として安置するケースもあります。例えば、特設の法話会場の正面とか、建物の新築起工式の式場正面とか。あるいは、学園講堂の舞台正面に名号を本尊として安置する方式も。因みに、私が以前理事長職をお預かりしていた、同朋学園の名古屋造形芸術大学の大階段教室の正面中央には九字名号の「本尊」。黒御影石の柱には、親鸞聖人の墨蹟に金箔を施した九字の名号が刻銘されています。

また、お内仏といった固定した環境ではなく、移動・仮設の状況下での本尊ご安置が必要なケースもあります。そうした状況に対応する法式としては「三つ折り本尊」があります。B4サイズ、厚さ二〜三㎜のボール紙を文字通り三つ折りにし、中央に阿弥陀如来のご影像、右に「帰命尽十方無碍光如来」の十字名号、左に「南無不可思議光如来」を配したもの。中央の阿弥陀如来立像はもちろん、九字・十字の名号の下には蓮台が描かれ安立感が醸し出されています。

こうした三つ折り本尊を依用する具体的なケースとしては、災害現地での追悼法要、建築工事の起工式・上棟式法要、建碑式（墓開き）法要等々。また、熱心な真宗門徒の中には「携帯本尊」として身に着けていた方もかつてはいらっしゃったようです。家内の短大時代の同級生で北陸地方出身の方の中には学生寮の自室の机の上に三つ折り本尊を安置して日常生活を送っておられたとのこと。信心深い北陸門徒のご家庭で生を享けお育てを受けられたのでしょう。また、太平洋戦争に出征した兵士が懐中本尊として携行されたとの話も。

ところで、この三つ折り本尊の「三尊」は別々、夫々ではありません。表現は、絵像・九字名号・十字名号と夫々ですが内実はただ一つ「南無阿弥陀仏」に帰趨。この南無阿弥陀仏、元は梵語を音写したもの。検証してみましょう。

| | | | |
|---|---|---|---|
| 帰　命 | 無　量 | 寿 | 如来…親鸞聖人の正信偈初句 |
| 帰　命 | 尽十方無碍 | 光 | 如来…意味を日本語で表現 |
| 南　無 | 不可思議 | 光 | 如来…意味を梵語＋日本語 |
| 南　無 | 阿　弥陀 | （寿・光） | 仏　…梵語を漢字で音写 |
| ナモー | ア　ミター | ユス・ブハー | ブッダ…梵語をカタカナで表現 |
| Namo | a mita | yus・buha | Buddha…梵語をローマ字で表現 |
| 帰依・頼む | no＋限＝無量・無限<br>無碍 不思議な | 寿　光 | 仏　陀 |

本願寺第八世蓮如上人の日頃のお言葉を記録した『蓮如上人御一代記聞書』には、

他流には、「名号よりは絵像、絵像よりは木像」と、云うなり。当流には、「木像よりはえぞう、絵像よりは名号」というなり。

と記されています。他流では釈尊存命時と同じように釈尊と対面して修行ということから、釈尊の本尊が多いようです。仏身を観念する「観念念仏」の宗派では本尊として仏像を重用しますが、真宗では仏身観念はなく称名念仏が「正定業《しょうじょうごう》」なので、本尊は阿弥陀如来立像か六字・九字・十字の名号。

同じく前項には、

蓮如上人、仰せられ候う。「本尊は掛けやぶれ、聖教《しょうぎょう》はよみやぶれ」と、対句に仰せられ候う。

との文言。蓮如上人の時代には〝仏壇〟はありません。上人は、一四五七（長禄元）年本願寺第八世をご襲職。『御文』による文書伝道や名号の下付など、独自の布教活動を展

根　kon

開。それによって本願寺の教線は大きく伸展。しかし、比叡山延暦寺衆徒の本願寺破却に遭い、親鸞聖人の御真影を奉じて各地を転々とされました。そうした布教活動の中で、名号本尊を掛け勤行・布教をし、終わったら本尊軸を巻いて収納して次の会所でまた掛け、という状況が目に浮かびます。

　そうした上人のご苦労のおかげで本願寺教団が再生できたのです。蓮如上人いまさずば、今日の真宗教団の教線は望むべくもなかったでしょう。爾来五百年、教線を拡大した本願寺教団は、危機感を抱きながらも時には改革運動に取り組み、連綿というフレーズがマッチするかどうかは疑問ですが、とにかく今日まで受け継がれてきています。しかし、二十一世紀に入り、人々の宗教意識は大きく変わってきています。宗教者としては人々の意識変革を敏感にとらえ対処していかなければならないと思うや切であります。

合掌

《二〇一四・一一・三・記》hp №164

## 蓮如上人

本願寺第八世蓮如上人《れんにょしょうにん》は、一四一五（応永二十二）年四月四日第七世・存如上人の長男として出生。六歳で実母と生別。幼名は布袋丸。蓮如上人幼年期の本願寺は、佛光寺の隆盛に比べて衰退の極にあったようです。一四三一（永享三）年十七歳の時青蓮院で得度。父存如上人に教義を学び、近江や北陸の教化に尽力。一四五七（長禄元）年、存如上人没後の近江教化を推進しましたが、一四六五（寛正六）年延暦寺宗徒による破脚に遭い、本願寺は大津南別所に移転。その後一四七一（文明三）年、越前吉崎に坊舎を建て教化拠点を開設。後の吉崎御坊。荒地であった吉崎は急速に発展。一帯には坊舎《ぼうしゃ》や多屋《たや》（参詣門徒のための宿泊所）が立ち並び、寺内町が形成されていきました。

蓮如上人は、教学的には親鸞聖人・覚如上人・存覚上人の教説を継承して、直截で明快な教義体系を確立し、伝道に力を尽くしました。正信偈・和讃の刊行や「御文」の発信など独創的な伝道方式で教線を拡大。中でも「御文」による教化は「一文不知ノ尼入道」にまで届き、空前絶後の成果をあげました。「御文」は文字通り蓮如上人が発信された信心開発《かいほつ》の「お手紙」。親鸞聖人の説かれた教えを漢文ではなく、時機相応の平易な仮名混じり文でしたためて聞信徒に発信したのです。二百二十一通が伝えられていますが、一四七一（文明三）年から一四九八（明応七）年の間に発せられた五十八通と発信年次不明の二十二通、合計八十通を集めて編集したのが「五帖御文《ごじょうおふみ》」。寺での勤修法要はもちろん、ご門徒の年忌・月忌・報恩講等の法要の折には現在も仏前で拝読させて戴いております。

真宗の要義を誰にも諒解《りょうげ》しやすいように平易懇切に説かれた、蓮如上人のこのユニークな文書伝道の開発は、当時としては実に画期的で、現代のインターネットにも匹敵するのではないかと…。時代は足利義政が八代将軍の室町時代半ば、学校はもちろん寺子屋もなく、漢文の読める人はごく僅か。カタカナ混じりの御文は一般大衆にアピールすることができ、信心歓喜の波は燎原の火のごとく、無学文盲の人たちの間にも広がっていったことでしょう。ソレ…、ソモソモ…、で始まり、アナカシコ　アナカシコで結ぶ独特の文体。そうそう、アナカシコ　アナカシコといえば、下世話な話で恐縮ですがエピソードを一つ。

当地方は自動車関連産業が盛んで、大企業から家庭に至るまで実に多くの工場・作業所が稼働しております。したがって、そうしたところで働く従業員も他市町から流入の方も数多。国内のみならずブラジルからの方も。数年前でしたか、九州地方から当地へ転居された方がある日来山されました。要件は先祖の命日にお参りしてほしいとのこと。宗派を確認しようとお尋ねしたところ、「よう分かりません」とのこと。「当山は真宗大谷派です、あなたのお家も同じですか」とお聞きしても首をかしげるだけ。「じゃ、曹洞宗ですか、浄土宗ですか、それとも日蓮宗ですか」と質問しても頷きがありません。しばらく沈黙の後「そうそう、アナカシコアナカシコです」。〝これにて一件落着！〟

　蓮如上人は当地方への巡化《じゅんけ》にも力を尽くされました。そもそも三河に一向宗（浄土真宗）が広まったのは古く鎌倉時代。親鸞聖人が関東より京への帰途、矢作《やはぎ》の地で布教されたのが始まり。戦国期に入り、蓮如上人が布教のため三河の地へ足を運び、教線拡大作戦を展開。巧みな布教活動によって有力寺院を一向宗・本願寺派（当時の）に転向させることに成功。その有力寺院とは「上宮寺《じょうぐうじ》」「本證寺《ほんしょうじ》」「勝鬘寺《しょうまんじ》」で、「三河三ヶ寺」と呼ばれています。三ヶ寺はそれぞれ二百近い末寺を擁し、武士・農民などの門徒は三ヶ寺合わせて数千人にも及んだといわれています。

　当山・真宗大谷派（東本願寺）受教山了願寺は野寺《のでら》（愛知県安城市野寺町野寺二十六）の本證寺（一二〇六年頃創建）の下寺。本山から当山の講組に下付された「御消息《ごしょうそく》」の末尾には「本證寺下《した》　尾州知多郡《びしゅうちたごおり》緒川村《おがわむら》　了願寺〇〇日講中《こうじゅう》（法主名・法主印）」と記されています。毎月講勤め勤行の最後に拝読しておりますので、この文言は脳裏に焼き付いています。因みに、了願寺の創建は東西両本願寺の分派より前。本願寺は第十一世顕如《けんにょ》上人の時代に、織田信長との戦い（石山合戦《いしやまかっせん》：一五七〇（元亀元）年～一五八〇（天正八）年）に敗れ大坂を退去。この時、顕如上人の長男教如《きょうにょ》上人は、父と意見が対立し大坂（石山）本願寺に籠城。そのため教如上人は父・顕如上人より義絶されました。

一五八二（天正十）年に義絶を解かれ、本願寺は豊臣秀吉によって一五八五（天正十三）年大坂天満に再興されました。さらに一五九一（天正十九）年、現在の西本願寺（浄土真宗本願寺派の本山）の寺域・京都堀川七条に移転。顕如上人没後、一度は教如上人が本願寺第十二世の職を継承しましたが、秀吉より隠退処分をうけ、弟（顕如上人の三男）の准如《じゅんにょ》上人が本願寺第十二世の職を継職することになりました。しかし、教如上人はその後も布教活動を継続。一五九八（慶長三）年に秀吉が没した後の一六〇二の（慶長七）年、徳川家康が京都烏丸六条・七条間の寺域を寄進。一六〇三（慶長八）年上野国（現在の群馬県前橋市）の妙安寺《みょうあんじ》から宗祖親鸞聖人の御真影を迎え入れ、同年阿弥陀堂を建立。一六〇四（慶長九）年御影堂を建立し、ここに新たな本願寺の創立を見たのです。これが大谷派の本山である「真宗本廟・東本願寺」の生い立ちであり、教如上人を「東本願寺創立の上人」とする所以です。

当山立地の緒川村は尾張国ですが、三河国との接点にあり、五百メートル東には境川。文字通り両国の「境」。したがって、蓮如上人の三河ご巡化の波が当山にも打ち寄せ、天台宗から浄土真宗への転派の起爆剤になったものと思われます。室町時代初期の了願寺の前身は、天台宗「帰命寺《きみょうじ》」。天台宗延命寺（現・大府市）の下寺。良空法師が一五二二（大永二）年ごろ一向（浄土真）宗に転派して寺号も「了願寺」に改称。寺域も海岸から現在地（海抜一〇メートル）へ移転。もちろん本尊も本願寺様式の「阿弥陀如来立像」に替えられました。時は流れて天保年代半ば（一八三〇年代）、過去帳の第十世良因法師の項には「本堂再建」の記載。この時本堂も大きくなりそれに合った本尊に替えられたものと推察されます。先人の努力に感謝申し上げるとともに、尊い仏法領の遺産を護持して教化伝道に励まなければいけないと思うや切であります。

合掌

《二〇一四・一二・三・記》hp No.165

# 教区再編

先日お参りに伺ったご門徒宅で、ある新聞記事が話題になりました。その新聞記事とは、十一月二十二日付の中日新聞夕刊の記事。十一面の四分の一を割いての大きな扱い。「真宗大谷派　教区再編へ」の五十ポイントゴシック活字の横組み見出し。そして、少しポイントを落として「減る寺院、収支悪化」の明朝体縦見出し。

えっ？　と思わず声を出し、記事に吸い込まれるように読み始めた私でした。さらにゴシック体の小見出しには「高山は岐阜と合併　中部十六→十一に」。そう、ずいぶん前から教区の大小格差は問題だ、統廃合をして合理化を図るべきだ、というご意見がしばしば聞かれました。

ご存じのように、真宗大谷派といえば我が了願寺が所属する教団。「これはどういうことですか？」とお尋ねいただいたご門徒も、もちろん真宗大谷派のご門徒。「新聞記事からお分かりかと思いますが」と前置きして、わが真宗教団の組織についてお話しさせていただきました。京都市上京区にある東本願寺を本山とする「真宗大谷派」は、全国八千五百余ヵ寺が所属する大教団。全国組織としては、一九三四（昭和九）年に制定された「教区制」が敷かれています。この教区制のもと、教化・行政・財政・立法の諸活動が執行、運営されています。

この教区制に基づく教区数は現在三十教区。教区名を挙げれば、北海道・奥羽・山形・仙台・東京・三条・高田・富山・高岡・能登・金沢・小松・大聖寺・福井・高山・大垣・岐阜・岡崎・名古屋・三重・長浜・京都・大阪・山陽・四国・日豊・久留米・長崎・熊本・鹿児島。

それぞれの教区エリアは、都道府県、市町村との整合性は少なく、制定時の地域事情を勘案して決められたものと思われます。そのため、一般行政区域とかけ離れた線引きが行われたケースも。また、それに伴って寺院数のバラツキ、財政力のバラツキも。寺院数三十九ヵ寺の最少教区から、七百六十ヵ寺の最大教区まで、その開きは一対十九。

了願寺が所属するのは名古屋教区。そのエリアは尾張一円。教区内には下部組織として「組《そ》」が置かれています。第一組から第三十二組までの三十二ヵ組。組のエリアもまた、一般行政エリアと整合しているところもあればしていないところもあり、さまざま。当山が所属する第二組は大府市を除く知多半島全域。

第二組の寺院数は、現在三十ヵ寺。一九九〇年代は二十八ヵ寺でしたので、以後に二ヵ

寺増えた勘定。さらに第二組は三つの「小会《しょうかい》」に分かれています。北部小会・南部小会・西部小会。当山は北部小会十二ヵ寺の一員。北部小会のエリアは、東浦町・東海市・阿久比町・半田市の一部。南部小会は、半田市の一部・武豊町・美浜町・南知多町の十二ヵ寺。西部小会は、常滑市・知多市の六ヵ寺。

以上、本山・真宗大谷派宗務所―名古屋教区―第二組―北部小会―了願寺と、宗門の行政組織について大雑把に記しましたが、その中枢を担う「教区」が今や変革を迫られているのです。名古屋教区は約七百ヵ寺を擁する大教区、財政面でも全国トップクラスを維持してきましたが、陰りが見え始めてきたことも事実。

一方、全国的に見てみると、教区財政の収支が悪化しているところが増え、教区間格差もますます拡大。教区の統廃合を進めて財政支出を減らそうと、教区再編の実動化へ。教区再編は伝統を壊すという痛みを伴うため、先延ばしにしてきた感は否めません。しかし、時代社会の大変動の浪は容赦なく押し寄せ、切羽詰まった事態に至ってようやく動き出したということでしょう。遅きに失した感一入。

策定された教区合併の具体案は以下の通り。括弧内が合併して一教区に。（奥羽・山形・仙台）（三条・高田）（富山・高岡）（能登・金沢）（小松・大聖寺）（高山・岐阜）（長浜・京都）（山陽・四国）（日豊・久留米・長崎）（熊本・鹿児島）。現在の二十二教区を、二〇二三年までに段階的に九教区減じて十七教区に。我が名古屋教区は、北海道・東京・福井・岡崎・大垣・三重・大阪の七教区とともに当面そのまま。

教区再編が求められるその背景には、寺院ひいては所属ご門徒の時代的社会的変動・変革があることを見過ごしてはならないと思います。例えば、農業が廃れ地元に大きな企業もなく、仕事を求めて都会へ出ざるを得ないという現実。過疎地域といわれる地方の寺では、所属門徒の数も減り続け寺の収支も悪化。住職は別の職を求めて都会へ。その結果、住職が現住しない「無住寺院」が現出。

新聞記事はさらに、「岐阜県高山市荘川町の山あいにある宝蔵寺は、十年ほど前から遠方で暮らす住職が、檀家《だんか》の法事があるたびに戻ってくる。管理を任されている檀家の大沢孟士さん（74）は不安を口にする。『亡くなった人に、すぐにお経を唱えてあげられないのがふびん。何かの事情で住職がこられなくなったらどうすればいいのか』」と続きます。実に深刻な問題。

この荘川地区は、高山教区「荘川組」。前述のように来年七月を目途に岐阜教区と合併して「高山・岐阜教区」が発足することになっています。因みに、一九五五（昭和三十）年発行の『真宗大谷派寺院教会名簿』によれば、この荘川組は寺院数が全国最少で五ヵ寺。その五ヵ寺のうち二ヵ寺の住職が岐阜や名古屋に住むという。なお、一九五〇年代までは八ヵ寺あったとのこと。

「地域の協力で何とかやっているが、今後は分からない。他教区の住職と勉強会を開き、現状を打破する糸口を探りたい」と取材に応じて語ったのは荘川組の淨念寺の照元興円住職（69）。エッ、照元興円住職？　添付写真のキャプションにも「住職が遠方にいる宝蔵寺で荘川組の現状を語る照元興円さん」とあります。

私は住職に就任するとともに教職にも就きました。名古屋の高等学校で担任した生徒が照元興円君。彼は、大学卒業後はご自坊の法務に専念。結婚式にお招きいただき、同僚の先生ともども出席させていただいた記憶が甦ってきます。記事には記載されていませんでしたが、おそらく荘川組の組長《そちょう》をつとめていらっしゃるのでしょう。

余談になってしまって失礼。いずれにしても教区再編は、その背景に多方面に亘る問題を孕んでいると思います。恵まれた地域環境といわれる名古屋と雖《いえど》も、寺離れ・宗教離れは確実に進行。次世代はもちろん現世代に対しても、寺への関心をどう培っていけばよいのか、真剣に取り組んでいかねばならないと思うや切であります。

合掌

《二〇一七。一二・三・記》hp No.201

# 教化伝道

仏さまの教えを伝え弘めていくのにはいろいろの方途があります。先ず、御遠忌《ごえんき》・報恩講《ほうおんこう》・永代経《えいたいきょう》など大きな法要をお勤めし、説教・法話を聴聞《ちょうもん》する法座を開くという伝統的な方途。それから、毎月決められた日時に行われる「定例説教」も真宗寺院で古くから開かれている法座です。また、「何々講」とかいった、いわゆる「念仏講」も親鸞聖人《しんらんしょうにん》の教えを受け継ぎ伝える大切な法縁の役割を果たしてきました。

当山には同行の組毎にそれぞれ「五日講」「十三日講」「十八日講」「二十五日講」があります。毎月それぞれの日に持ち回りの〝宿〟に講員が集い、法座が開かれます。先ず、正信偈《しょうしんげ》・念仏・和讃《わさん》で勤行《ごんぎょう》。続いて、それぞれの講組に本山より下付された「御消息《ごしょうそく》」を拝読。講員は頭を下げて恭しく拝聴。三十分ほどの勤行に続いての、この難解な文言の御消息拝聴は、緊張感に加えて正座による脚のしびれで〝難行苦行〟。

ところで、「御消息」とは何ぞや？　端的に言えばお手紙。ただ、暑中見舞い・寒中見舞いとかの時候の挨拶とか、婚姻・葬儀とかのお知らせや、同窓会・祝賀会等の行事案内等のお手紙とは異質なもの。宗祖や歴代門主《もんしゅ》が門末《もんまつ》に送った書簡を御消息というのです。ではその内容は如何となれば、教義を書簡体形式で説いたもの。親鸞聖人が開顕《かいけん》された教えを漢文でなく、和語で解りやすく説かれた法語。

解りやすい和語といっても我々の世代、ましてや現住職の世代では難解。第一の難題は「変体仮名《へんたいがな》」混じり本文の解読。いや、「解」の前に「読」が問題。というのも、現在の学校教育では変体仮名の指導は皆無。一九〇〇（明治三十三）年の小学校令の改正によって変体仮名は用いられなくなり、仮名は一字体に統一されました。人名についても一九四八（昭和二十三）年戸籍法の改正によって変体仮名は使用できなくなったとのこと。

加えて漢字は草書体。私が住職を継承した一九五九（昭和三十四）年代当時、コピー機もスキャナーも無かったので、御消息の上に清書紙を置き筆でなぞって写し取り、文字どおり「写し」を作成。母親の指導のもと、変体仮名・草書体漢字にふりがなを付け、一生懸命拝読の練習をしたことを思い出します。先住は私が四歳のときに病没しておりますので、母を頼るほかありませんでした。

現在、変体仮名を目にするのは、そば屋やしるこ屋など、昔からの店舗名や商標名やメニュー名。また、書道展の作品や地名表記などでも使われています。住職にとって身近な例は人名表記。ご門徒の訃報を受け、直ちに「枕勤め《まくらづとめ》」に出向。お悔やみのことばをおかけするとともに、ご臨終のご様子を拝聴。焼香の準備を整え、勤行《ごんぎょう》・おかみそりを執り行います。終わって、葬儀社の方を交えて葬儀執行についての打ち合わせ。

葬儀社作成の基礎資料で協議・確認。最初に通夜・葬儀の日時・場所の確認確定。次に故人の住所・氏名と年齢、喪主の住所・氏名と続柄。最近は故人と喪主・後継者が別居されているケースもあり確認が必要。この中で、故人名の文字で戸惑うことが。それは変体仮名。明治生まれの女性のお名前。最近の例では[illegible]（とし）子さん。昨年Unicodeに変体仮名が採用されたとか。過去帳入力にも利用できるかも。

長々と変体仮名詮索、失礼しました。本論に話を戻しまして、御消息の体裁は幅二十センチ、長さ約三百八十センチほどの巻紙に、毛筆で阿弥陀如来の本願の教えが変体仮名混じりの書簡体で認《したた》められています。最長の十八日講の御消息の長さは約七百センチ。いずれも軸表装した巻物を帛紗《ふくさ》包みし、二十四センチ×八センチの黒蒔絵《くろまきえ》の文箱《ふばこ》に収めます。蓋をして赤い組紐を締め、さらに幅百七十センチ×長さ三百二十センチ×深さ百センチの木箱に収納。

日時を決めてご門徒宅に出向きます。お内仏（お仏壇）の前には、当主が前月の〝宿〟からお迎えした御消息が安置されています。最初にご家族・講員ともども正信偈、念仏、和讃で勤行。しかし、最近は講員が参集することはなく家族のみ。お勤めが終わると文箱の組紐を解き、蓋を開け帛紗包みの御消息を取り出し徐《おもむろ》に頂戴。巻の紐を解き表紙に巻き付け、およそ肩書簡幅の長さに開き拝読を開始。

変体仮名・書簡体・平仮名が混在する本文。誤読しないか、トチらないか、ヒヤヒヤ、ドキドキ。本文の結びは「御文《おふみ》」と同じように「あなかしこ　あなかしこ」。続いて「右蓮如上人文可有信心決定事肝要也」の奥書。そのあと発信月日「林鐘《りんしょう》（太陰暦六月）十日」。そして最終行には「尾張《び》……

大文字で「乗如《じょうにょ》」（発信者）の揮毫《きごう》と直径四センチ「光遍《こうへん》」の朱印。そして最終行には「尾州《しゅう》　知多郡《ちたごおり》緒川村了願寺五日講中《こうじゅう》」の宛名書き。（五日講の例）

拝読終わって巻き戻し、帛紗で包んで文箱へ。組紐を結び帛紗包みをして木箱に収納。勤行も含めて一時間ほどかかりますので、正座慣れしていない世代には苦痛のようです。「脚をお楽に」と切り出して法話。といった流れが念仏講勤めの定番なのですが、前述のように毎月の講勤めに講員が集うことは皆無。終戦後、年に一度講員が集う「お惣仏《そうぶつ》」の席で御消息を拝読することにしましたが、これも数年前に取りやめに。

ところで、こうした御消息拝読の法座は一体いつごろ始まったのでしょう。記録文書は無いので、御消息の発信者であるご門主の上人名から類推するほかありません。二十五日講は手許に御消息が無いため確認できませんが、前出五日講の乗如上人は本願寺第十九代門主（一七六〇～）、十八日講は達如上人で本願寺第二十代門主（一七九二～）、十三日講は

本願寺第二十一代門主嚴如《ごんにょ》上人（一八四六〜）。

このことから、念仏講の法座は今から二百五十年以上前に始まったことが分かります。

しかし、時代社会の変遷とともに受け継ぎ伝えることが難しくなってきていることも事実。

この事実を座して見ているわけには参りません。仏教界にとっても、我が宗門にとっても。

ＩＴ活用も含めて、若い世代を中心に時機相応の教化アイテムの開発に力を注いでいるようです。もちろん伝統されてきた教義を基本とし、願わくはレールから逸脱しないように…。

合掌

《二〇一八・二・三・記》hp №203

## 寺報『受教』

教化伝道のメソッドの一つに寺報を作成してご門徒にお届けするというアイテムがあります。その規模・様式・内容は寺々によって様々。Ａ4版一枚裏表二頁から、Ａ3版見開き裏表四頁～八頁まで、大きさは各寺それぞれ。印刷についても、フルカラーありパートカラーあり、モノクロームあり。厚手のアート紙にフルカラーで印刷され、観光案内のパンフレットと見紛うほどの立派な出来栄えの寺報を拝見したこともあります。一方、手書きの文を普通紙にモノクロームで印刷したものもありますが、これはこれ暖かみを感じ、心に響く作風といえましょう。

当山の寺報は『受教《じゅきょう》』。了願寺の山号「受教山」からとって命名しました。『受教』の創刊は一九六二（昭和三十七）年一月。私が住職に就任して二年目。体裁はＢ4用紙裏表印刷見開き、都合Ｂ5版四頁建て。鑢《やすり》板《ばん》に蝋原紙《ろうげんし》を置き、鉄筆で原稿を一字一字ガリガリと筆耕。筆耕終わった蝋原紙を木枠付きの厚紙枠に電気鏝《でんきごて》で貼付。その上に木枠付きシルクスクリーンをはめ込みます。

一方、平版《へいはん》インクを金属ヘラで缶から取り出しガラス板の上へ。ワニスを加えてインクを根気よく練り上げます。均等に練り上がったインクを、満遍なくゴムローラーに塗りつけ、いよいよ印刷。シルクスクリーンの上から、ゴムローラーを転がしてこれまた満遍なく原紙にインクを馴染ませます。五～六枚試し刷りをして本番。木製手刷り印刷機はスリーンと原紙が一体になった木枠（版枠）を、ヒンジで紙置台（テーブル）に固定した単純構造。

インクの付いたローラーをスクリーン上で転がして、若干手前に傾斜した紙置台（テーブル）上に重ね置いた中質紙に印刷。一刷りしてローラーを持ち上げると、高所に掛けたゴム紐で版枠は吊り上げられるという寸法。左手で刷り上がった一枚を取り出し、左脇に少し傾斜して置いたケースに順次納めるという至極原始的な手法。この印刷技術は、大学在学中のクラブ活動（美術謄写部）で習得したもの。いわゆる謄写版印刷。

創刊号から一九七九（昭和五十四）年の七六号まで、この方式で年四回（一月四月七月十月）、十九年間発行を継続。そうしたなか、一九八〇（昭和五十五）年秋、親鸞聖人御誕生八百年慶讃法要勤修の計画を立ち上げることになり、各種書類作成の必要性も生じたため邦文タイプライターを導入。ローラーに巻き付けた（原）紙に、一千字に垂んとする活字が並んだ文字盤から活字を一字一字拾い上げて打ち付けるという方式。併せて、印刷方式も手刷りの謄写版印刷機から輪転機（但し手動）へ。

その後、印字方法は邦文タイプライターからIT化へ。ワープロ専用機を経てパソコンPC-9800のワープロソフトへ。そして版下も蝋原紙から電子謄写原紙へ。これは、読み込んだ原稿を放電によりビニール製の電子謄写原紙に穿孔《せんこう》する「謄写ファックス」製版。印刷機も手動輪転機から電動輪転機へ。さらに一九九七（平成九）年十月にWindows 95を導入。編集作業が一段とスムーズになりました。

二〇〇四（平成十六）年を迎え、四月勤修の蓮如上人五百回御遠忌法要に向けて170号から紙面をリニューアル。B5版四頁建てからA4版四頁建てへと一回り大きいサイズへ。表紙のデザインも大幅にチェンジ。上段左三分の二には、白抜きの「寺報」と80ポイントほどの特大文字で「受教」の題字。題字の下には「JU KYOU」のローマ字ルビ。上段右三分の一には、発行年月日・No.、寺名・所在地・〒番号・Tel番号・Fax番号・Eメールアドレス。

中段はカバー写真。題材は不特定、様々。主に境内の花・木・草の季節感溢れる写真。桜花満開の遠望全景あり、新緑や紅葉の近景あり、蘇鉄の花あり、露草の花のありetc。また、季節に応じて花水木や芙蓉や泰山木の花のアップも。もちろん教化紙ですから、報恩講や永代経などの大きな法要に関連する写真もトップに掲げます。加えて、夏休み子ども教室で子どもたちが描いた絵や、大晦日の新春初鐘（除夜の鐘）のスナップや年賀状の画像、旅で印象に残った写真も。

ここのところ、御遠忌記念事業工事の進み具合を撮った画像を度々掲載し、その進捗状況をご門徒の皆さんにお報せしております。例えば、記念事業工事の起工式や、記念事業のメインであります山門の建替工事でその姿を変えて行く様子。例えば、２２３号では屋根瓦を下ろし扉も外して骨組みだけになった姿。次の号では新築山門の瓦屋根葺きの状況、そして２２５号では、ほぼ完工した新山門の晴れ姿。こうしたカバー写真の下、表紙最下段は、CONTENTSと掲示板法語。

二頁は法話。一千五百字ほどのボリュームですが、Microsoft Word上で執筆した原稿を編集ソフトAdobe PageMakerの二頁に流し込み版下を作成。法話の内容は、親鸞聖人の開顕された、本願念仏のみ教えを現代語で分かりやすく説くのが本来ですが、どうしても内容・表現とも固苦しいものになってしまいます。そこでお聖教《しょうぎょう》に説かれているお言葉を、現代社会を生きる私たちの当面する問題点に照らし合わせて頷けるよう、表現に留意しつつ記述している積もりです。

一方、ご門徒から多大なご芳志をお寄せ戴いて大きな事業を推進中の昨今は、その事業の進行状況をこの法話の欄をお借りして報告させて戴いております。表紙のカバー写真の項でも触れましたが、当山では二〇一九（平成三十一）年三月三十一日（日）に親鸞聖人七百五十回御遠忌法要を勤修することを昨年五月決定。以後、準備作業は着々と進行中。因みに、主な記念事業は、築後二百七十年余の山門の建替、鐘楼の修復、東西外周塀の新設・建替、参拝者用トイレの建替。総予算七千三百八十万円。

三頁には「年回正当表《ねんかいしょうとうひょう》」。壱周忌から五十回忌まで、四半期毎のご正当年月日・喪主名を掲載。四頁は「我や先人や先」「東浦同朋会あゆみ」「感謝の窓」「法縁」「お知らせ」の欄。「我や先人や先」欄は、当該期間中に命終された方の追想記。「感謝の窓」欄はその名の通り篤志寄付。例えば受教発行志とか、報恩講お斎《とき》用大根、仏華、野菜お供え、自作絵画等々。「法縁」や「お知らせ」の欄では、報恩講や永代経の勤修案内、同朋会や維持振興会の開催案内、名古屋教区・第二組の法縁・行事案内等を掲載。

以上、当山寺報『受教』の歩みを辿ってみました。一九六二（昭和三十七）年の創刊以来いつの間にか五十六年。顧みれば、第十六世住職を拝命し使命感に駆られるなか、先ず何を為すべきか、と自問。「そうだ、教化事業、就中文書伝道、寺報の発行だ」と自答。直ちに実行。そして創刊以来一度も休刊することなく二一六号をカウントすることができました。関係各位のご支援の賜と感謝するとともに、今後とも寺報『受教』がモノクロームの手作りスタイル乍ら、教化伝道のメディアとしてその役割を果たせるよう地道に精進して参る覚悟です。

合掌

《二〇一八・五・三・記》hp №206

# 掲示伝道

「教化伝道」の項も第五項となりました。この項は「掲示伝道」というアイテムについて気の向くままに雑記してみたいと思います。いわゆる「お寺の掲示板」とも呼ばれているもので、宗旨・宗派を問わず古くから受け継ぎ伝えられている、教えを伝え弘めるための一手法。古くは、黒漆《くろうるしぬ》塗りの板に白墨《しろずみ》で法語を揮毫《きごう》して、山門脇の木枠に嵌め込んで掲示する方法でした。

わが真宗大谷派の本山・東本願寺にもそうした方式の掲示板が見受けられます。京都・烏丸通りに面した御影堂門《ごえいどうもん》、道路を隔てた蓮の噴水辺りから見ると、向かって左側に法語掲示板が眼に入ります。御影堂門本体南に隣接する、一般寺院の袖塀に当たる小舎の道路側の外面に設けられています。二百センチ×三百センチはあろうかと思われる大きな木枠の中に法語を掲出。

白墨で法語を揮毫した黒塗りの板数枚を木枠にセット。一九八〇（昭和五十五）年代に上山したときの法語は、確か「一切《いっさい》の有情《うじょう》は　みなもって　世々生々《せせしょうじょう》の　父母《ぶも》兄弟なり」であったかと思います。これは親鸞聖人の直弟子・唯円坊《ゆいえんぼう》の作と伝えられている『歎異抄《たんにしょう》』第五段の中にある言葉。で、その意味はとお尋ねのムキもおありかと思いますが、この言葉の前段に次の言葉があることにまず注視しなければなりません。

「親鸞は父母《ぶも》の孝養《きょうよう》のためとて、一返《いっぺん》にても念仏もうしたること、いまだそうらわず。そのゆえは、一切の…」。この前段も含めて唯円坊が受け止められた親鸞聖人のお言葉を私なりの解釈で以下に記しましょう。

親鸞は、亡くなった父母の追善供養《ついぜんくよう》のために念仏したことは一返もありません。なぜなら、生きとし生けるものは、すべて遠い過去から現在までくり返し、くり返し何度となく生まれ変わり生き変わり、すべてがつながっているものであるから。時には父母となり、時には兄弟姉妹となって、いのちあるものすべてが家族のような存在だからです」と聖人は述懐されたとのこと。

一方、東本願寺のホームページには、「東本願寺の東側、烏丸通に面したお堀沿いの芝生に、『法語行灯《あんどん》』が設置されています。京都市内では初となるソーラー電源を使用し、環境にも配慮しています。それぞれの行灯には、宗祖親鸞聖人七百五十回御遠忌《ごえんき》のテーマ、親しみやすい法語等が掲示されています」との記事が掲載されています。添付された写真に依れば、行灯は高さが約百三十センチ、幅が四十～五十センチほどの角柱型で、ガラス張りの側面に文字を掲示する形式と見受けられます。そして、天辺にはソーラー発電パネル。

写真の行灯には、宗祖親鸞聖人七百五十回御遠忌のテーマ「今、いのちがあなたを生きている」のキャッチコピー。また、ネット上の「region404さんのブログ」には「人生が行き詰まるのではない　自分の思いが行き詰まるのだ」（安田理深先生）の法語行灯の写真が掲載されています。本願寺境内地の烏丸通り側の距離は約四百メートル余。その歩道沿いの芝生に法語行灯が数基設置されていることが窺えます。この行灯、一般寺院においても教化伝道の新しいアイテムになるかも。

「それはそうと、了願寺の掲示伝道はどうなっているんだ」とのお声も。失礼しました。もちろん掲示伝道は継続的に実施しております。当山の教化事業六本柱（報恩講・永代経・同朋会・寺報『受教』・掲示伝道・ホームページ）の一つとして。住職就任以来懸案となっていた掲示板の設置が一九八六（昭和六十一）年実現の運びに。以後の経過は、当山が所属する名古屋教区第二組の広報紙『出遇い』第十九号「お寺の掲示板」欄に出稿した〝掲示板生い立ち来歴物語〟に綴っておきました。ご笑覧いただければ幸甚です。

合掌

以下は名古屋教区第二組広報紙『出遇い』（二〇一八・四・一発行）掲載の拙稿

山門前に初代伝道掲示板が設置されたのは一九八六（昭和六十一）年。小牧市で店内外装飾の会社を営むご門徒の年回法要の折り、法語を掲示する伝道掲示板の作製を依頼しました。掲示板は、公道より一㍍ほど高い門前、石段横に設置したい旨お話ししたところ、社長は「ええ、やらせていただきます。資材代や工賃、出張設置代も全て寄付させていただきます」と快諾。感謝、感謝。

二ヶ月後工事開始。コンクリート・ブロックの基礎の上に、一五〇センチ×九〇センチ×二〇センチ、蛍光灯付きの本体を乗せて完成。しかし、公道のセット・バックのため八年後に撤去。

二代目は既製品。屋根幅一八〇センチ、掲示面幅一三五センチ。フレーム上部に山号・寺号・寺紋の額を設《しつら》えたブロンズ色アルミ製。これも前出の社長が寄付して下さいましたが、山門建て替え工事で目下休眠中。

一方二〇〇〇（平成十二）年、当山西方六㎞の名鉄巽ヶ丘駅東、東ヶ丘団地直近の道路沿いに、山門前と同型の掲示板を新設しました。測量会社を経営する中・高の同級生より、用地の提供を受けて実現。

彼の訃もあってこの掲示板は二〇一二（平成二十四）年に里帰り。折しも、参道隣地を取得することができ、第三駐車場を新設。その片隅に里帰り掲示板を移設。ソーラー発電

パネルを付加して蛍光灯の電源に。

以上〝掲示板生い立ち来歴物語〟のお粗末。本論にかえり、肝心要はいうまでもなく掲示する「法語」。聖教を紐解く中で琴線に触れた言葉、ハッと気づかされた文言を掲げるように努めています。

　が、なかなかそういったご縁は稀。そこで、勢い『香《かおり》』や『掲示伝道集』等からの引用ということに。また、『真宗大谷派手帳』の各頁余白に記されている法語も活用（失礼！）させていただいております。

　こうして選んだ法語を揮毫します。用紙は一〇九センチ×六五センチ、B紙の変形。報恩講・維持振興会などのお知らせがある場合は、横幅を八十一センチとし、空白の部分に、二十八センチ×六十五センチの法要・行事案内を掲出。

　この用紙に特大ダルマ筆で一気に揮毫。一度に五十枚ほど書きますが、床に広げた用紙に膝をついた姿勢で書くので、かなり体力を要します。途中休憩を入れますが、書き終えるとヘトヘト。

しかし、掲示板の前で足を止めてメモを取られる方、意味を尋ねて来訪される方がいらっしゃったりすると、労《ねぎら》われる思いです。第三駐車場掲示の法語は「明るい人は　素晴らしい　悩んでいる人は　尊い」。「悪人正機」を想起させるパラドックス的表現で心に突き刺さる響き。しかし、法語の受け止め方や感じ方は人それぞれ。生活用語から〝香《かおり》〟が感受できるか、否か。拙いコメントはこのあたりで…。

合掌

《二〇一八・六・三・記》hp №207

## ＩＴからＩＣＴへ

今日では携帯電話を利用しない日は一日もないといっても過言ではありますまい。しかし、私が現在使っているケータイは昔ながらの「携帯」、ガラケー。「iPhone」といったようなスマートフォンではありません。以前の携帯が故障して現在の携帯に買い替えたのが二〇〇七年。爾来七年余にわたって愛用しているのが現在の携帯。用途は文字通り「携帯電話」のみ。

その訳は、携帯端末はあくまでも電話のみで充分。mail などの通信機能はパソコンの通信機能 e-mail を使うべきだというのが私の持論。この機能を活用すれば一行の文章から数ページにわたる書類や写真などの大きなデータも送信することができます。また、着信したデータの閲覧もスマホのディスプレーよりはるかに大きい画面で見ることができます。

こうしたモバイル技術の開発は日進月歩、いや〝時進日歩〟といえるのではないでしょうか。「スマホ」はウェブサイトの閲覧や電子メールの送受信といったインターネット利用のみならず、スケジュール管理や書類ファイルの閲覧もでき、ほぼ、〝携帯ＰＣ〟といえるほどに進化。小粒でも機能豊かな優れものになってきています。私の持論などあざ笑うように…。

その元を尋ねればＩＴ技術の急速な進歩があります。「ＩＴ」は言うまでもなく「Information Technology＝情報通信技術」の略。二〇〇〇年十一月に「ＩＴ基本法（高度情報通信ネットワーク社会形成基本法）」が制定されたことから「ＩＴ」の語が広く使われるようになりました。そして二〇〇一年一月「e-Japan 戦略」が策定され一層「ＩＴ」の語が一般化したようです。いうまでもなく「ＩＴ」はコンピュータやデジタル通信に関する「情報技術」を意味し、パソコンやインターネットの操作方法からハードウエアやソフトウエアの応用技術に至るまでの総称。

そうそう「ＩＴ」といえば、最近は「ＩＣＴ」というのだそうですね。二〇〇五年に総務省は「ＩＴ政策大綱」を「ＩＣＴ政策大綱」に改称。「ＩＣＴ」＝「Information and Communication Technology」。ＩとＴの間に「Communication」というキーワードを挿入。そして、今までの「e-Japan 戦略」を「u-Japan 政策」に転換。

文部科学省は、公立学校においてパソコンを導入し、子どもたちの情報活用能力の育成と向上を図るための「ＩＣＴ環境整備事業」を展開。世代や地域を超えたコンピュータの利活用や人と人、人とモノを結ぶコミュニケーションを重要視して「ＩＴ」を「ＩＣＴ」

に転換したのでしょう。ところが、他の分野では「ＩＴパスポート検定」とか「ＩＴ経営応援隊」など、まだ「ＩＴ」を使うところも多く、まだ完全に「ＩＣＴ」に統一されたとはいえないようです。

翻って、我が家の「ＩＴ」の歴史や如何。正確なデータは残っていませんが、最初にワードプロッセッサーを導入したのは一九八六（昭和六十一）年だった記憶。ポータブルの英文タイプライターを平たくしたようなフォルムで、手前にキーボード後ろにローラー式のプリンターが乗っかった形式。ディスプレーは液晶で、キーボードとプリンター間に幅数センチで横たわっていました。長文の場合は打ち込んだ文章を見るにはスクロールしなければなりません。

プリントアウトは英文タイプライターと同様にローラーと抑えの間に紙をはさみこみprintボタンを押す。ハード・ディスクのデータ信号がヘッドへ送られ、ヘッドはインクリボンを紙に圧着して印字ができるというシステム。したがって、ローラー部分は一行ごとに回転しながら左右に高速で往復運動を繰り返します。ただ、「感熱紙」にヘッドから直接印字すればインクリボンは不要。ただ、時間経過よって印字が消えるので、複写機などでcopyを取っておく必要があります。

その後、ブラウン管ディスプレーとハード・ディスクとプリンターが一体になり、キーボードが切り離された上位機種に乗り換え。このワープロ、現在も事務所の隅でほこりを被って鎮座ましましています。一方でパソコンが急速に普及し始め、新しい物好きの小生の食指がピクピク。一九九〇（平成二）年十月遂にパソコンを導入。

地元の専門店にお願いして納入していただくことに。まずは導入機種の選定。カタログで説明してもらってもチンプンカンプン。当山のＰＣ導入の目的は、門徒名簿の管理と郵送事務、法人会計の処理、寺報の編集・発行、各種法要の案内状の作成と発送等々の事務を効率化すること。また、近い将来にはＨＰを立ち上げたい、と。こうした説明を受けて、業者の方から機種について提案がありました。その機種はＮＥＣの９８０１。当時この98シリーズが人気を博していました。

いよいよ納品。組み立てたラックの最上段にプリンターを設置。ラック中断にＣＰＵ、そしてその上にディスプレー。ＣＰＵ本体には5インチのフロッピーディスクのドライブ付き。ディスプレーはブラウン管方式で12インチ。プリンターも奥行きが20センチ以上あり、ラックの最上段で存在感タップリ。インクはカセットに入った液体を噴出するインクジェット方式。もちろんモノクロプリント。

まだこの時期は「Windows」が登場する前。マイクロソフト社のＯＳ（Operating System）を使っていました。その名は「MS-DOS」。二つあるフロッピーディスクドライブにまず5インチのシステムディスクを挿入してシステムを立ち上げる。もう一つのドライブにデータディスクを挿入してデータを読み込む。キーボードで作成した文書や修正したデータや書き足したデータをフロッピーディスクに保存。データをプリントアウトして文書が完成。

パソコン教室も家庭教師の指導もなくすべて「我流」でパソコン技術を〝研究・実習〟。でも、まぁ何とか仕事ができるようになりました。ただ、5インチのフロッピーディスクは磁気ディスクの一種ですが、薄いペラペラのプラスチック製で、紙の保護ケースに包まれています。したがってパソコン本体の狭いスロットに入れたり出したりする時ヒヤヒヤ。「floppy disk」の floppy はもともと「柔らかい」という意味だから、むべなるかな。

試行錯誤を繰り返しながら数年を経て、新兵器「Windows」が出現。一九九五（平成七）年十一月二十三日、その名も「Windows95」の日本語版が発表されました。日本のPCブームの幕開け。Windows はその後、98／2000・Me・XP・VISTA／Windows7／Windows8とバージョンアップして、最新は Windows10。先日 Windows7 のサポートが来年終了すると伝えられましたが、残ったOSもいずれ消される運命にあるのでしょうか。

合掌

《二〇一四・五・三・記》hp No.158

参の章

# 報恩行あれこれ

## ―寺門興隆を願い―

## 五十年前親鸞聖人七百回御遠忌法要

一九六四（昭和三十八）年の秋も深まり、豊作の水田では稲刈りが始まりました。境内の奥の畑にある柿の木も、今年は大豊作で枝もたわわに赤い実を付けております。その柿の木の向こうには大修復成って、甍の列も正しく本堂の屋根が夕陽に映えています。あと二ヶ月後に迫った、五十年に一度の勝縁・親鸞聖人《しんらんしょうにん》七百回《ななひゃくかい》御遠忌《ごえんき》法要《ほうよう》を待ち受けているかのように。

思い返せば、一九六一（昭和三十六）年十二月十九日総代・世話人にお集まり願って、本堂修復の件について最初の相談をさせていただきました。幾たびかの地震や台風に耐えてきた本堂も、建立以来百三十有余年、寄る年波には勝てず、全体的に緩みがきておりました。何としても「起死回生」のカンフルが必要ということになり、ここに大修復を行うことになりました。

そして発願以来丸三年、ここに本堂修復工事の落慶を見、更に山門・水屋の修復も加え、はたまた参詣者用手洗いの新設も成就しました。この間、工事委員の任命・世話人交代・工事委員長負傷・同代理選任・服部総代の訃等々、紆余曲折の時の流れがありましたが、ご門徒各位の物心両面に亘るご支援により事業成就に至ることができました。

本年一月末のあの寒い日に着工して以来はや九ヶ月、その間、工事委員長以下委員各位、世話人、一般同行各位による勤労奉仕は何と延べ二百有余人を記録しました。しかも、この勤労奉仕には皆さん快く応じていただき、「もっと手伝わせてください」とおっしゃる方も。こうした勤労奉仕のおかげで工事費を大きく節約することができました。

更に喜ばしいことは、この修復成った本堂において親鸞聖人七百回御遠忌法要・本堂修復落慶法要を勤修できることであります。「御遠忌」は五十年に一度勤められる親鸞聖人の年回法要。五十年に一度といえば一代に一度しか遇えない、いや一度も遇えない人もあるかもしれません。私も次の七百五十回御遠忌法要には遇えないかもしれません。生きていたとしても住職としては遇えないでしょう。

この勝縁に遇わせていただける有り難さをかみしめようではありませんか。いよいよ迫って参りました。みんなで有意義な御遠忌にしましょう。みんなこぞって参詣して、七百年脈々と続いたみ法を聴聞し、人間の本当の生き方をもう一度顕かにしましょう。

＊　＊　＊

年改まって一九六五（昭和四十）年。私にとって今年の正月ほどすがすがしい年の初めを迎えたことはありません。昨年は親鸞聖人の流れを汲む我々真宗門徒にとっての一大行事を終えたからです。即ち、本堂の大修復、山門・境内の整備を成し遂げ、厳かに内陣を荘厳して、盛大に親鸞聖人七百回御遠忌法要と本堂修復落慶法要を勤修することができたからです。

〝信は荘厳から〟と申しますが、整然と修復成り金箔輝く堂内で、赤々と燃える百匁ローソクの下でお勤めした法要の中より湧き出た、あの感激・感謝の気持ちは一生忘れられないでしょう。しかし、これも私一人のものではありません。この日のためにお骨折りくださいました檀徒総代、世話人、工事委員各位はもとより、檀信徒各位も全く同じ気持ちであったと思います。

思い返せば、一九六一（昭和三十六）年十二月、本堂修復工事を発願以来、募財・工事・法要と物心両面に亘る役員諸氏並びに檀信徒各位のご支援は絶大なものでありました。ここに紙面を借りて改めて深甚の謝意を表する次第です。

法要はまず一九六四（昭和三十九）年十二月十一日午後の本堂修復落慶法要から始まりました。時々雲が出ましたが穏やかな天候でした。午後二時より約一時間の読経《どきょう》・起立《きりゅう》散華《さんげ》の儀式で本堂修復落慶の法要を勤修。法要終わって報告式。まず開式の辞。次に久米嘉和助修復委員長が経過報告、続いて同委員長より次の各位に感謝状の贈呈が行われました。
亀蔦《かめつた》瓦工業所・神谷建築事務所・河合兵弌郎工事委員長・貝沼吉三郎工事委員長代理、そして世話人の澤田良市・野村一市・野村義三・森井万吉・杉浦正治・野村仲衛・伊藤年男・猪塚昌雄の諸氏。

続いて、久米嘉和助修復委員長並びに野村美雄・野村泰助・服部寛の三総代に住職より感謝状が贈呈されました。最後に住職が謝辞を述べ、報告式を閉式。報告式終了後、大谷登師の説教がありました。

第二日目・十二日も天気はよく、穏やかな日でした。午前九時より・午後一時よりの二座の法要が勤修されました。午後は音楽法要で一層の盛り上がりも。午前・午後と二回に亘り境瞬英師の説教がありました。お昼には緒川同行の各位がオトキにつきました。

第三日目・十三日、朝八時の打ち上げ花火を合図に法要第三日の幕が開けられました。午前九時より晨朝《じんじょう》の法要が、ショウ・ヒチリキの楽の音も高らかに十余名の参勤法中により営まれました。浅野義敬師の説教のあと、他所同行及び新田同行の方々がオトキにつき、役員は稚児行列の準備にてんやわんや。

緒川公民館で午前九時より化粧・衣装の準備をしていた稚児は、十二時半には宿の野村酒造前の道路に勢揃い。一方、住職はじめ参勤法中は、法服七条の装束で野村泰助氏の仏間で厳かに読経の後、楽の音とともに稚児行列に加わり、参堂列の盛儀を開始。稚児二百六十名、付き添いも含めると総勢六百名に垂んとする行列は実にきらびやか。言葉に尽くせません。

空には雲ひとつなく快晴。師走とは思えない暖かさ。全く仏天の妙用というほかありません。庭儀は定刻二時に了願寺に到着・入堂し、盛儀はクライマックスに達しました。引き続き結願日中の法要が熱っぽい堂内で営まれ、念仏の声が堂内割れんばかりに響き渡り、三日間の法要はここに恙なく円成を告げたのであります。

法要次第　　一九六四（昭和三十九）年

十二月十一日　十四時　本堂修復落慶法要

十二日　九時　親鸞聖人七百回御遠忌法要　逮夜

十三日

十三時　親鸞聖人七百回御遠忌法要　日中
九時　親鸞聖人七百回御遠忌法要　晨朝
正午　親鸞聖人七百回御遠忌法要　庭儀
十四時　親鸞聖人七百回御遠忌法要　結願日中
満座御礼

合掌

《二〇一六・一二・三・記》hp No.189

# 宗祖親鸞聖人七百五十回御遠忌法要勤修計画スタート

宗祖親鸞聖人《しゅうそしんらんしょうにん》が一二六二（弘長二）年に入滅されてから、はや七百五十年余の歳月が経過しました。二〇一一（平成二十三）年には本山・東本願寺において、そして、今春には名古屋別院において「宗祖親鸞聖人七百五十回御遠忌法要《ごえんきほうよう》」が勤修《ごんしゅ》されました。以後、名古屋教区内はもちろん、全国各地の別院や一般寺院でも順次御遠忌法要が勤修されることになりましょう。

当山としましても、二〇〇四に勤修しました「蓮如上人《れんにょしょうにん》（東本願寺第八代住職）五百回御遠忌法要」から十余年が経過し、本山の宗祖親鸞聖人七百五十回御遠忌御正当から五年余を経たこともあり、このたび宗祖親鸞聖人七百五十回御遠忌法要勤修を発願いたしました。

そして、この法要の勤修につきまして、去る六月十一日総代会を開きお諮りしましたところ、ご承認いただきました。その結果「宗祖親鸞聖人七百五十回御遠忌法要委員会」、（略称）「御遠忌委員会」を設置する運びとなり、委員会は門徒総代と世話人及び住職・前住職・坊守で構成することに決定。

この決定を受けて、住職から神市場・新町・下切・山の四組の世話人に、当該委員にご就任いただくようご依頼申し上げました。なお、法要勤修は二〇一八年春または秋を目途としていることを申し添えるとともに、早速ながら第一回の委員会を七月十日（日）午後四時より開催する旨ご案内申し上げました。

●七月十日（日）午後四時より第一回御遠忌委員会を開催。桝田宇人・猪塚高章・荻須英夫・神谷弘一の四総代、野村和夫・野村裕・林泰誠・菅沼幸治の四世話人、並びに本田眞哉前住職・本田真知子坊守に、本田眞了願寺住職から「了願寺宗祖親鸞聖人七百五十回御遠忌委員」を委嘱する旨の「委嘱状」を授与。続いて委員長の選任が行われ、桝田宇人総代を選出。

議事に入り、住職より御遠忌法要勤修計画の概要が説明されました。記念事業としては、

①山門・袖壁の建て替え
②鐘楼の修復
③山門前の土塀の建て替え
④山門前土塀より西側部分の外塀の修復
⑤山門前土塀より東側一部に外塀を新設。

⑥水屋南の便所の建て替え
を計画している旨説明。

一同、御遠忌法要勤修計画の概要を了承。住職からは、次回に概念図・写真・施工業者等の資料を用意する旨の説明があり散会。
●七月二十四日午後四時第二回御遠忌委員会を開催。記念事業の概要について、資料をもとに住職より説明。
①山門……建て替え
②袖壁……建て替え
③鐘楼……修　復
④土塀……建て替え
⑤外塀……建て替え・一部新築
⑥便所……建て替え
⑦水場……移　設
インターネット上で蒐集した山門・袖壁・鐘楼・土塀・外塀の施工例の写真五十枚余を資料として添付、ご検討いただきました。また、施工業者についても十社余を例示し、所在地・社歴・資本金等の項目を参考に検討を加えました。次回は、九月上旬に開催する予

定。

合掌

《二〇一六・八・三・記》hp №185

※御遠忌法要勤修計画が纏まったのをうけて、ご門徒各位宛に次の「趣意書」を発表。

宗祖親鸞聖人七百五十回御遠忌法要勤修

## 趣意書

謹啓　慈光のもと、ご門徒各位にはますますご健勝にて斯道にご精進のこととお慶び申し上げます。日ごろは当了願寺のために種々ご高配賜り厚くお礼申し上げます。

さて、我が宗門を開顕された親鸞聖人が入滅されてからはや七百五十有余年。聖人は九歳の時慈円和尚のもとで得度、範宴と名告って比叡の山に登り、厳しい修行に入られました。しかし、いくら学問に励み難行に専念しても、人生の苦悩を晴らすことができませんでした。遂に二十九歳で山を降り、六角堂に参籠。聖徳太子の夢告を得て、法然上人のも

ことができました。これこそ人間回復の一道だ、と。それは念仏成仏の教えだったのです。とに入門。修行中の門弟たちとともに懸命に修学。そして、求め続けていた教えに出会う

かくして聖人は、求め続けていた教えに出遭えたものの、鎌倉幕府の怒りを買い、越後へ遠流の刑に。聖人は辺境の地で田舎の人々とともに教えを聞き開き、浄土の真宗を弘宣されました。その後、教法宣布の地を関東に移されました。そして、六十三歳の一二三五（嘉禎元）年ごろには帰洛。晩年にはライフ・ワーク『教行信証』を著し、私たちに末法の時機相応の教えを顕かにしてくださいました。

聖人没後七百五十年余、各方面で親鸞聖人七百五十回御遠忌法要が勤められています。本山・東本願寺では二〇一一（平成二十三）年春、名古屋東別院では二〇一六（平成二十八）年春にそれぞれ勤修されました。当山寺報『受教』二二〇号所報のように、了願寺でもこの御遠忌法要をお勤めしようと、本年五月の了願寺維持振興会総会に提案しご承認を得ました。また、総代会ご了承のもと、御遠忌委員会を立ち上げ、事業計画の検討を開始。委員会では、二〜三年後を目処に法要を勤修することとし、法要事業・記念事業の計画検討を始めました。

その結果、左記のような計画概要で「親鸞聖人七百五十回御遠忌法要」を総事業費七千三八十万円で勤修する運びとになりました。ご覧のような大事業であり、多額な予算を要

することであります。ご門徒各位の格別のご支援ご協力なくしては成就いたしません。経済状況厳しき折、誠に恐縮ですが、仏祖崇敬・寺門興隆のため、何とぞ募財にご協力賜りますよう伏してお願い申し上げます。なお、法要勤修は二〇一八（平成三十）年春または秋を予定しています。

募財総額六千万円は、ご門徒六百戸で達成することをめざしておりますので、何とぞご賢察の上ご記帳くださいますよう、よろしくお願い申し上げます。また、ご納金期間は三年間を最長目処としておりますので、ご家庭の事情等も勘案して何回かの分割、或いは別添のような金融機関支援による月々の積立方式もありますのでご利用の上、無理のないところで精いっぱいのご記帳を賜りたく存じます。「寄付者芳名録個票」は二〇一七（平成二十九）年三月末までに寺へご返送いただければ幸甚です。

合掌

二〇一六（平成二十八）年十二月二十八日

真宗大谷派　受教山了願寺
住職　本田眞
御遠忌委員会　委員長　桝田宇人

同　委員　猪塚高章
同　委員　荻須英夫
同　委員　神谷弘一
同　委員　野村和夫
同　委員　野村　裕
同　委員　林　泰誠
同　委員　菅沼幸治

ご門徒各位

●宗祖親鸞聖人七百五十回御遠忌法要事業計画

一、法要予定時期　二〇一八年春か秋

二、記念事業

①築後二七四年、老朽化が進む山門・袖壁の建替
②鐘楼の修復
③山門前築地塀の建替
④山門西外塀建替・山門東外塀新設
⑤水屋南の便所の建替

三、総事業費予算《収入》
①ご門徒寄付金　六〇、〇〇〇、〇〇〇円
②維持振興会積立金取崩　五、〇〇〇、〇〇〇円
③住職拠出　八、八〇〇、〇〇〇円
合　計　七三、八〇〇、〇〇〇円

四、総事業費予算《支出・工事費は税込》
①法要費　一〇、〇〇〇、〇〇〇円
②山門・袖塀の建替　一八、四〇〇、〇〇〇円
③鐘楼の修復　四、八〇〇、〇〇〇円

④山門前築地塀の建替　三、八〇〇、〇〇〇円
⑤東西外周塀の建替・新設　一〇、五〇〇、〇〇〇円
⑥山門・塀・便所解体架設　四、五〇〇、〇〇〇円
⑦便所周辺工事　五、五〇〇、〇〇〇円
⑧塗装・電気工事費　二、八〇〇、〇〇〇円
⑨会議・事務・募財・雑費　三、〇〇〇、〇〇〇円
⑩設計・監理費　五〇〇、〇〇〇円
⑪予備費・工事費外消費税　一〇、〇〇〇、〇〇〇円
合　計　七三、八〇〇、〇〇〇円

《二〇一六・一二・二〇・記》

【追記】二〇一八年春か秋の法要勤修予定を、工期不足のため二〇一九年三月三十一日（日）に変更。

# 本　尊

当山了願寺の本堂に安置されている本尊は、阿弥陀如来の立像です。本尊は、その寺の属している宗派によって決められています。他宗派の中には、個々の寺院により本尊が異なっているケースもあるようです。釈迦如来や大日如来や薬師如来であったり、観世音菩《かんぜおんぼ》薩《さつ》や文殊菩薩《もんじゅぼさつ》や弥勒菩薩《みろくぼさつ》であったりして色々。しかし、我が真宗大谷派では本尊は阿弥陀如来一仏。宗派の憲法である『真宗大谷派宗憲』第九条には「本派は阿弥陀如来一仏を本尊とする。」と謳われています。

また、了願寺の寺院規則第四条

には、「この法人は、その包括団体の規程たる真宗大谷派宗憲により、宗祖親鸞聖人の立教開宗《りっきょうかいしゅう》の本旨に基づいて、教義をひろめ、儀式行事を行い、門徒を教化育成し、社会の教化を図り、その他その寺院の目的を達成するための、堂宇《どうう》その他の財産の維持管理その他の業務及び事業を運営することを目的とする」と規定されています。したがって、当山の本堂に安置する本尊は、当然阿弥陀如来一仏ということになります。

本尊は、寺にとっては文字どおり〝本当に尊い〟存在です。万が一の場合、何はさておき安全を確保しなければなりません。火事の場合も災害の場合も。伝聞のこととてその真偽は定かではありませんが、こんなエピソードも。数十年前のこと、さほど大きくない寺の住職が余り聞こえのよくないところで〝お遊び〟。自坊が燃えているという噂が届き、急遽帰坊されるかと思いきや、慌てることなく骨董屋へ。自坊の本尊に相応しそうな古仏を求め、抱っこしてタクシーから降りられたとか。かなり肝っ玉の大きいご住職だったようで。

一八四五（昭和二十）年三月ごろ、太平洋戦争もかなり戦況悪化。アメリカ軍による本土空襲も激しくなり、Ｂ29の編隊が上空を通過するのも度々。名古屋市の中心部から南へ三十㎞ほどの当地では、直接空襲を受けることはありませんでした。しかし、警戒警報が発令されれば白熱電灯の笠に黒い布のカバーを下げ、巻き脚絆に防空頭巾で身支度をし、空襲警報発令となれば防空壕へ逃げ込みました。昼夜を問わず…。翌朝、防空壕へ持ち込んだ布団などを回収に行った時、境内のあちこちに紙の燃えかすが墜ちていました。経文が印刷された紙の燃え残りや、炭状になった紙にさらに黒い印刷文字が読み取れるもの。名古屋市内のお寺が空襲で焼けたのでしょう。

話が脇道に逸れてしまったように思われるかも知れませんが、要は〝空襲と本尊さんを抱っこ〟についてお話ししたいのです。一九四四（昭和十九）年十二月十三日の名古屋市東区大幸町の三菱重工業名古屋発動機工場の空襲を皮切りに、翌年三月ごろには爆撃機数も回数も増え、十二日には東別院も罹災。その頃から当山の本尊・阿弥陀如来立像も〝疎開〟。疎開といっても山間部等へご移徙《いし》したのではなく、本堂内陣中央の須弥壇《しゅみだん》上の阿弥陀如来像を台座から外して後堂の法蔵長持へ。当時住職は既に死亡していたので坊守《ぼうもり》（私の母）が本尊さんを抱っこして、長持の中の布団綿の上にお休みいただいたことを今でも鮮明に覚えています。空襲で焼夷弾が落ちてきたら、いち早く布団綿にくるんで抱っこして避難しようという目論見。

近隣の町外れに爆弾や焼夷弾の誤爆があったものの、我が了願寺は空爆を免れました。ただ、グラマン戦闘機（艦載機）が超低空で飛んできて、当山の南方約一㎞の障戸川辺りで馬を連れて歩いていた人を銃撃。咄嗟にその人は橋の下へ逃げ込んで馬ともども助かりました。つい十年ほど前まで、コンクリートの橋の欄干に機銃弾で撃たれた痕が残っていました。戦闘機はそのまま超低空で北上し、当山の北百メートルほどの所にある蓮華経庵《れんげきょうあん》を銃撃。壁には弾痕が永らく残っていたとのこと。それは一九四五（昭和二十）七月十五日のことでした。それからちょうど一か月、八月十五日正午にあの「玉音放送」が日本全国に流されたのです。私は小学校三年生でした。

大東亜戦争も終結し空爆の恐れもなくなったため、本尊さんを長持から須弥壇上へ。本尊阿弥陀如来立像の足の裏には二本の枘《ほぞ》があり、その枘を須弥壇上の蓮台の枘穴に差し込んで安立戴くという寸法。母は健気にも全身全霊を打ち込んで無事安立に成功。我が真宗の本尊・阿弥陀如来は、正面から礼拝する分には余りはっきり分からないかも知れませんが、体を心持ち前かがみにして左足を少し前に出していらっしゃいます。このお姿は、私たち衆生が救いを求めて如来の元へ行くのを待つのももどかしく、衆生に向かって歩み寄る姿を表しているのです。

一方、一九八二（昭和五十七）年二月に竣工した了願寺会館の法話室には「法輪《ほうりん》」の本尊さんが安置してあります。この法輪、一見すると船の操舵輪。直径六十センチほどでスポークが八本均等に配置され、全面金箔が押箔されています。八本のスポークは「八正道」を象徴しています。八正道とは、お釈迦さまが最初の説法において説かれた、涅槃《ねはん》に至るための基本となる八つの正しい実践行。それは、①正見《しょうけん》（正しいものの見方）、②正思惟《しょうしゆい》（正しい思考）、③正語《しょうご》（偽りのない言葉）、④正業《しょうごう》（正しい行為）、⑤正命《しょうみょう》（正しい職業）、⑥正精進《しょうしょうじん》（正しい努力）、⑦正念《しょうねん》（正しい集中力）および⑧正定《しょうじょう》（正しい精神統一）の、八つの道。八聖道ともいいます。

法輪の中央には金属製の黒色の浮き文字が設えられています。それは梵字《ぼんじ》を変化させたもので「キリク」といわれるもの。この一文字の意味するところは、無量寿仏・弥陀如来・観音菩薩等で、方角は西方に位置づけられるとのこと。そうしたところから、会館新築時に私の独断と偏見で法輪の中央にキリク文字を配置し本尊として尊崇することにしました。この法話室や書院・厨房を配置する「会館棟」と、玄関・トイレ・茶室等を新設する「玄関棟」（総建築面積二七六㎡：総事業費五千万円）を記念事業として新築し、一九八二（昭和五十七）年四月十八日「親鸞聖人御誕生八百年慶讃法要」を勤修しました。

設計作業が進む中で建築基準法が改正になったこともあり、また鉄筋コンクリート造ということもあって、予算面ではかなり厳しいところもありましたが、建築強度の点で現在問題になるところもなく、畳の表替えは別として、三十余年を経た今日でも補修を要するところは殆どありません。おはこび戴いたご門徒各位の懇念がかくも有効に生かされているケースは少ないのではないかと自負しています。まことに有り難いことです。感謝の念一入であります。

合掌

《二〇一四・九・二・記》hp №162

# 土地購入談義

根　kon

昨年十月下旬、大府市の不動産会社の社長が突然来山。用件は、当山参道入り口直近の土地が売りに出されているが買わないかとの商談。あまりにも突然のことで戸惑うばかり。戴いた資料はA４判一枚。その資料には、物件種目：売地／最寄駅：JR緒川駅／面積：三百八十三・四七㎡（約百十五・九八坪）／坪単価：四十万円／地目：宅地／接道状況：西側幅員三・七メートルの公道に約十七メートル接道／設備：上下水道・都市ガス　等々の項目が記載されていました。併せて物件付近の地図も。

この土地は、随分以前から使用されていない様相を呈していたため、数年前に譲渡してもらえないかとこちらから地主に打診したことがありました。しかし、そのときはけんもほろろのご挨拶でした。ところが、今回は売りたいとの意思表示、当方にとってはグッド・ニュース。その辺りの経緯が地主から不動産会社に伝えられていたのかもしれません。不動産会社の社長は、真っ先に当山に商談を持ちかけたとかおっしゃっていました。

宗教法人が不動産を売買する場合には、責任役員・門徒総代等に諮らなければなりません。不動産を取得する場合にはその可否、買い取り価格等について役員会の決議が必要。したがって、買い取りの意思決定をするには若干時間を戴きたい旨社長に申し入れたところ、快諾いただきました。そこで、当山の住職・前住職は、早速近隣各地の地価の情報収集を開始。

知り合いの不動産会社の社長にうかがったところ、一般論として地価が最も高いのは東南角地、次が道路北側とのこと。インターネット上の yahoo Q & A には「一番価値があるのは東南角地ですね。マグロでいう大トロ、肉でいうフィレとでも言うのでしょうか、とにかく価値的には絶大です。私も東南角地を多数売却させて頂きましたが、広告に『東南角地』という四文字を載せるだけで売れました」との解説がありました。

今回商談の土地は、前記のように西側が公道に面しているだけで、高地価の条件は備えていません。しかも、住宅地向けの面積の土地は高価だが、面積が大きすぎると価格は低くなるということなので、今回のケースは低い価格で購入できるのではないかと淡い望みをかけてみたり…。一方、ＪＲ緒川駅までの距離が当山からの距離の半分ほどの土地にかかる最近の取引例では、坪単価が四十万円超だったとのこと。

そうして得たデータ・資料や他の不動産業者等から入手した情報も交えて、十一月初旬に責任役員・総代の皆さんにご相談。まず、当該土地を購入することの是非についてお諮りしました。参道直近であるとともにある程度の面積もあり、駐車場用地としても適地なので買った方がよいとの全員のご賛同を得ました。また、購入資金については、法人の経常会計の留保金を充てることで了解が得られました。

問題は買い取り価格。売り主の希望坪単価四十万円は高い、三十万円ほどが妥当な線とのご意見。近隣の取引例からみても三十五〜三十八万円といったところだろうとのご意見。公道に面した距離もかなりあり形状もよいので、私なら四十万円で即買いだ…。等々の幅広いご意見がありました。こうした役員各位から戴いたご意見や情報を基に、不動産会社と価格交渉をすることに。坪単価三十万円〜四十万円の範囲内で決着することとし、折衝については住職・前住職に一任されました。

そこで、十一月八日（土）住職と前住職が不動産会社に赴き、前述の坪単価の中間値三十五万円を提示。社長はサラリと受けて、「先方にそう伝えます」。三、四日後だったと思いますが、不動産会社から電話が入り三十五万円ではダメとのこと。そこで、三十五万円と四十万円の中を取って三十七万五千円の買い取り価格を提案。結果、即ＯＫの入電。十八日（月）不動産会社に赴いて「土地売買契約書」に署名押印するとともに、当方から手付金を支払い売買契約成立。

十二月二十一日（土）現場測量に立ち会い、当方は何も問題ないことを確認。ところがその翌日、不動産会社の担当者が来山、登記簿上の面積と実測面積の間に誤謬が判明したとの報告を戴きました。

登記簿上面積：三八三・四七㎡（一一六・二〇坪）

実測面積：四四四・〇五㎡（一三四・五六坪）

誤謬面積：六〇・五八㎡（一八・三六坪）

〈売主〉〈買主〉双方が署名捺印した「不動産契約証書」の「土地売買契約条項」第二条には、「売主及び買主は本物件の対象面積を標記面積とし、実測面積との間に差異が生じても互いに意義を申し立てないとともに、売買代金増減の請求をしないものとする」と記載されています。しかし、差異面積が＋一五・八％と余りにも大きく、先方が解約をほのめかしたこともあって、不動産会社からは当方が二五二万円を追加して支払う解決案を提示されました。当方はこの案を受け入れ、交渉を不動産会社に一任。

交渉はかなり難航した模様でしたが、最終的には年末の十二月二十七日（金）に交渉妥結。その結果、実測面積四四四・〇五㎡（一三四・五六坪）を四千三百五十万円＋二百五十二万円＝四千六百二万円で買うことになりました。したがって、坪単価は四千六百二万円÷一三四・五六坪＝三十四万二千円となり、当初の坪単価より三万三千円安く買える結果に。気にかかる雲が心にかかった状態でしたが懸案が解決し、すっきりした気持ちで新年を迎えることができました。

年改まって、二〇一四年一月三十一日（金）午前十時より知多信用金庫緒川支店において、売主夫妻と了願寺住職・前住職が出席し、司法書士臨席のもと、不動産会社の仲介を得て土地取引の決済が行われ、支払も完了し最終決着しました。後日、司法書士事務所より「不動産登記権利情報」が届けられました。「登記完了証」には、当該不動産（土地）が平成二十六年一月三十一日申請受付のもと、所有件が移転したことが示されていました。また、「権利部」には平成二十六年一月三十一日付けで所有権が了願寺に移転したことが記されていました。

二月に入って駐車場整備の準備に取りかかりました。まずは施工業者の選定。知り合いの業者やウェブ上の業者三社に見積もりを依頼。見積もり入札審査の結果、「I建」と「M道路」が共同で施工して戴くことになりました。折しも消費税増税、受注工事が山積みで超多忙とのこと。従って舗装工事は三月末にずれ込む模様。当方も着工前に問題点を処理しておかなければならないのでタイミングとしてはちょうどよいのかも。

問題点の第一は、北側隣接私有地のコンクリートブロック塀が境界線を越えて当方へ三十センチほど入り込んでいる問題。測量の時点で当該地主も承知しており、何らかの工事をするときに撤去するとの覚え書きもあります。しかし、そのままでは地形も悪く舗装工事もしづらいことから、当方で撤去することを申し入れたところ快諾を戴いたので、撤去のうえこちらで新しい擁壁を設置することに。次に第二点。敷地南面にはコンクリートブロックの擁壁、東面隣接地にはコンクリートブロック塀が設けられていますが、当方のアスファルト舗装をコンクリートブロック擁壁・塀にトン付けさせていただけないか了解を求めたところ、両家とも快諾いただきました。

第三点は、駐車場全面の排水の問題。用地西面の接する公道（側溝）は百分の一ほどの勾配で北へ傾斜。用地北面に接する隣地駐車場の路面（U字溝）は同じく百分の一ほどの勾配で東へ傾斜。このU字溝もまた当方用地へ越境。そうしたこともあってか、当方の駐車場の排水をそのU字溝に合流させていただくことにご理解を戴きました。これで懸案事項はすべて解決と思いきや、新たな問題が発生。それは敷地南面隣接の方から、排ガスの流入を防ぐため〝前向き駐車後でお願いしたいとの申し入れ。なるほどごもっともなこと。
「了願寺専用駐車場」の大看板に「右側は前向き駐車」の補助板を付けることに。また、
路面標示も付けたら…、と目下思案中。

合掌

《二〇一四・三・三・記》hp No.156

# 六十九年前の激震

あの東日本大震災発生から間もなく丸二年が経過しようとしています。爾来、被災された方々には有形無形の痕跡が影を落としていることでしょう。地震発生以来新聞各紙の紙面には、被災状況から復興状況に至るまで、大震災の記事が載らない日はないといっても過言でないほどの報道ぶりでした。そうした記事に接するたびにこの寒い時期に思い出すのは、私自身の過去の震災体験。

それは一九四四（昭和十九）年十二月七日発生の「東南海地震」と翌一九四五（昭和二十）年一月十三日未明に起きた「三河地震」。私は小学校、否、国民学校二年生。午前中で授業を終えて帰宅。母と祖母と昼食を済ませ居間で寛いでいると、初期微動は殆ど無くいきなり猛烈な揺れ。「地震だ！」。母の声にはじき飛ばされるように跳び上がり走り出しました。玄関の引き違いガラス戸が、両側の柱にピシャン・ピシャンと打ち付ける透き間をすり抜けて必死で戸外へ。

地面が激しく揺れてまともに歩けない、走れない。四つん這いになって無我夢中で駆ける?こと二十メートル余、一応安全なところに辿り着きへたり込みました。来し方を振り返ると、高さ三メートルほどの石灯籠が倒れてバラバラ。通り過ぎた直後に倒壊したのです。二秒か一秒か、あるいは〇・五秒、私が通り過ぎるのが遅かったら、この文は書けなかったでしょう。

地べたに座ったまま本堂を仰ぐと、七間四面の本堂の大屋根が左右にギーッ・ギーッと大揺れ。軒先の振幅は百二十～百三十センチはあったでしょう。今にも倒れるのではないかとハラハラするなか、二分以上続いた揺れも収まりホッ。ようやく立ち上がって山門の前を見ると、水面が五メートル×五メートルほどの防火用水池から水が道路に溢れ出ていました。

揺れがおさまってからも、しばらくは怖くて家の中に入る気になれませんでした。夕刻、住まいである庫裡の中に入ってビックリ。柱は十度以上傾き、壁は崩れ落ち、タンスは倒れ、足の踏み場もない有様。でも、母は健気にも畳の上や廊下に落ちた砂や埃を掃除していました。

今の若い人たちに話しても信じてもらえないかも知れませんが、都会ではなくいわゆる〝郡部〟の当地では、当時水道もガスもありませんでした。水は井戸水、熱源は薪とタドン。もちろん電話もテレビもなく、情報源は新聞とラジオ。そのラジオも電源は交流のみで、バリ・コンを使った〝再生付き〟「並三球ラヂオ」。地震後長期間停電が続き、情報聴取ができなかった記憶です。

停電といえば夜間の「明かり」の確保も重大な問題。地震当日、その明かり確保のため「残蝋」を取りに本堂へ。残蝋とは「残った蝋燭」の略語。法要時に仏前に蝋燭を点しますが、だいたい法要中に燃え尽きず蝋燭が残ります。その残った部分が「残蝋」。本堂内の畳の上も板の間も揺れによって振りまかれた壁土や埃でザラザラ。内陣の輪灯は外れ落ち、油皿の灯明油が畳や床に振りまかれベトベト。

それにも況して魂消たのは、須弥壇上の蓮如聖人の絵像を安置した白木の厨子が四分の三バク転して須弥壇の前の四帖の畳の上に安着していたのです。厨子飛翔の航跡？を推測してみると、厨子が上方へ突き上げられると同時に、縦方向の揺れにより背後から力が加わって前に押し出され、弧を描いて二百七十度回転して、扉のある正面を上にして畳の上に安着した格好。厨子の屋根の出っ張りが少し傷んだ程度で本体はほとんど無傷。二〇〇四（平成十六）年三月に勤修した蓮如上人五百回御遠忌法要の記念事業として塗漆・押箔修繕するまで六十年間お役に立ってくださいました。

折しもこの地震発生の翌日十二月八日は大東亜戦争開戦記念日。国民の戦意喪失を危惧してか、はたまた敵国アメリカ等のつけ込みを恐れてか報道管制が敷かれ、歴史資料で当時の新聞を見てもこの地震についてはほんのわずかしか取り扱われていません。したがって、その規模も正確なデータがないようですが、一応マグニチュード八、震度六とされているようです。

東南海地震の災害復興どころか余震も頻発する翌一九四五（昭和二十）年一月十三日未明、またもや烈震が当地方を襲いました。名付けて「三河地震」。その名が示すとおり、当地より東に隣接する三河地方で甚大な被害が発生。熟睡のさなか、エア・ハンマーで突き上げられるような衝撃で目が覚めました。震源直下型の典型でした。外へ飛び出したものの、真っ暗闇で酷寒。近所の人々が集まってきて寒さと怖さに震えながら体験談。

興奮気味に言葉を交わしている内に黎明の中お互いの顔が分かるようになりました。ふと本堂の大屋根に目を向けると、幅三メートル、長さ五メートルほどの黄土色の帯。次第にその帯が色濃くなって浮かび上がってきました。そう、屋根瓦がずり落ちて下地の赤土がむき出しになっているのです。こりゃ大変なことになった、雨が降ったら堂内は水浸しになる、と子供心にも暗い影が差しました。でも、本堂が倒れなくてよかった…。

あとから分かったことですが、震源の三河地方では我が宗門の寺院にも甚大な被害が出ました。本堂が倒壊した寺院も数多。最も悲惨だったのは西尾市の安楽寺様のケース。集団疎開していた名古屋市の大井国民学校の学童八名が地震で倒壊した本堂内で圧死。この子どもたちは、最初海部郡の蟹江の方へ集団疎開していましたが、近くにB29からの爆弾が着弾。危険だということで西尾へ再疎開していたのです。

両地震の体験者も高齢化し語り部も少なくなってきました。おこがましくもそうした語り部の一端を担った気分で書き留めてみました。地震予知の技術も格段の進歩を遂げているようですが、反面、人知をあざ笑うように自然が猛威を振るうこともあります。東海地方で近未来に巨大地震が発生するとの予告を受けて、地方自治体等でも耐震工事を進めてきましたが、その裏をかくような形で七百km離れた東北地方で超巨大地震が発生。いくら科学が進歩し知識が豊富になったとはいえ、自然界の力の前には非力としか言えません。自然の力に対して人間はあくまでも謙虚であるべきだということを痛感する今日このごろです。

《二〇一三・三・三・記》

合掌

hp No.144

# 本山経常費連続五十ヵ年完納表彰を受章

「連続五十ヵ年　経常費御依頼額完納寺院　表彰状及び記念衣体贈呈式」の招待状を拝受しましたので、去る十月十四日（金）京都の本山・東本願寺へ赴き列席させていただきました。当日はどんより曇った重い空でしたが、本山到着時には傘不要でした。式典名が〝じゅげむ〟のような長い名前ですが、その趣旨と「経常費御依頼額」のシステムについて、式典の進行状況と併せて筆を進めて参りたいと思います。

我が真宗大谷派教団は総寺院数八千九百ヵ寺で、全国三十の教区で構成されています。当山了願寺が属しているのは、その中の尾張地区をテリトリーとする名古屋教区。同教区には六百七十二ヵ寺が所属しています。そして同教区は三十二の「組《そ》」に分けられていて、その中の「第二組」に了願寺は所属しています。第二組の所属寺院数は三十ヵ寺。

「経常費御依頼額」の各寺への「割当《かっとう》御依頼」もこの組織の流れに沿って行われます。

二〇一〇年度についてみますと、宗派経常費の総予算額は九、三〇〇、〇〇〇、〇〇〇円。

その内の五、三〇三、〇〇〇、〇〇〇円が「全国御依頼額」。名古屋教区への「割当御依頼額」はその一二・一％、六四二、六八五、〇〇〇円。その御依頼額を基にして教区内三十二ヵ組に、寺院数に応じて割当される金額が決められます。わが二組に対しては三一、四五〇、〇〇〇円の割当御依頼がありました。

その割当御依頼額を二組内の各寺院へ再割当して納めて戴くのですが、総額を単純に寺院数で割った金額を割当御依頼するわけにはまいりません。何故かといえば、三〇の寺院はそれぞれ門徒数も、経済力も、寺院規模も、風土も全く違うからです。長い伝統の中で受け継ぎ伝えられてきた、寺院規模とか寺格とか門徒数などを基準にしてそれぞれの寺院の割当額が計算されます。こうして得られた数字に対しては当然異論も出ますが、なかなか全寺院が納得できるように公平に割当することは至難の業です。

二〇一〇年度の当山への割当御依頼額は、一、三一五、〇〇〇円也。二組内三十ヵ寺の割当額の最高は一、九五一、〇〇〇円、最低は三七七、〇〇〇円。当山のランキングは金額の多い方から八番目。全体の上位三分の一内にカウントされているという状況のようです。いずれにしてもこの割当御依頼額の納入は、住職一人でできるものではありません。御門徒の懇念の賜です。

古来、真宗教団は「懇志《こんし》教団」といわれています。御門徒一人ひとりの御懇志によって成り立つ教団です。他教団では、寺領から得られる年貢・家賃などを財源にして財政面が賄われていた教団もあったようですが、真宗教団においてはそうした財務体質はありませんでした。したがって、太平洋戦争終結後社会党政権が実施した「農地解放」も、真宗教団の寺院には深刻な影響はなかった記憶です。

したがって当山の場合も、私が住職に就任した今から五十余年前の昭和三十年代、組長から割当御依頼額の札紙が届けられると、世話係の役員さんに集まって頂いて懇志集めの準備をして集金して頂きました。割当額を若干上回る金額を、本山の地方行政事務所である「名古屋教務所」を経て本山へ上納したことを思い出します。ただ、一年だけ上納できなかった時がありました。

それは、未曾有の台風「伊勢湾台風」が当地に襲来した年。昭和三十四年九月二十六日、午後四時ごろから吹き出した強風は時を追って強くなり、午後六時ごろには庫裡の瓦がカラカラと音を立てて飛び始めました。本堂は大揺れに揺れ、四本のガラス戸は連結したまま強風に吹き飛ばされて本堂内に強風が入り、内陣の二十センチ厚の畳は宙に舞いました。死者・行方不明者五千人余。高潮による被害も甚大で、護岸堤防はズタズタに壊され一ヵ月以上も水が引かないゼロメートル地帯もありました。

そうした状況下、御門徒の方々への懇志の御依頼もできず、事情ご賢察賜り上納を免除

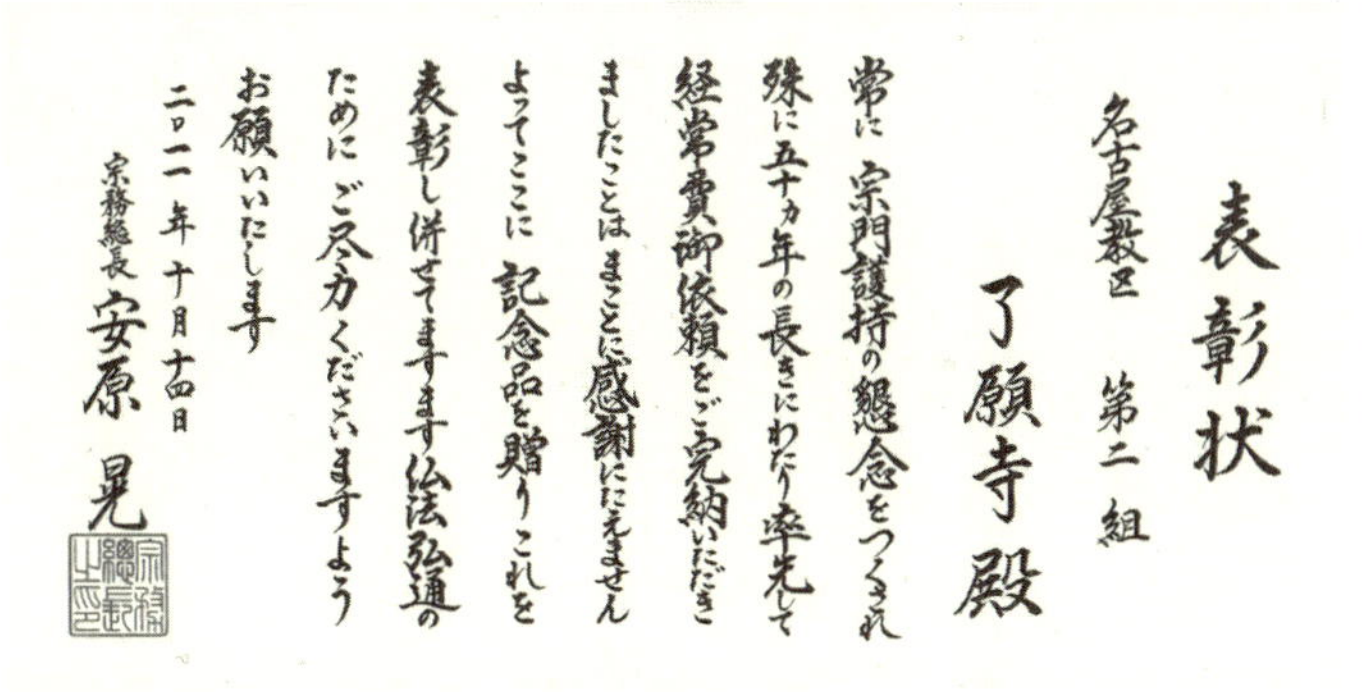
表彰状

名古屋教区　第二組

了願寺殿

常に宗門護持の懇念をつくされ
殊に五十ヵ年の長きにわたり率先して
経常費御依頼をご完納いただき
ましたことはまことに感謝にたえません
よってここに記念品を贈りこれを
表彰し併せてますます仏法弘通の
ためにご尽力くださいますよう
お願いいたします

二〇一一年十月十四日

宗務総長　安原晃

いただくよう本山へ嘆願書を提出しました。しかし、本山の方からはそうした事情に対して特別なお取りはからいもなく、その年度は「未納」扱いとなりました。したがって、今回の「五十年連続」はその翌年・昭和三十五年から起算した数字のようです。愛知県内の他の寺院にもこうした事情に当てはまるケースも多いようで、今回の表彰式にも東海地区の寺院の方が多く同席されていました。

　十月十四日当日朝九時少し前、本山・東本願寺の大玄関で受付をすませて大寝殿へ。大寝殿ではお抹茶の接待がありました。北海道から沖縄まで日本全国からの参集ですので、前泊された方もあり当日新幹線で駆けつけた方も。また、私同様車で来山された方もありました。お茶をいただいた後ゆっくりと御影堂へ。宗祖親鸞聖人七百五十回御遠忌法要も円成して四ヵ月余、当時の賑やかさも消え今や落ち着いた雰囲気の中、御遠忌記念事業で修復成った堂内をゆっくり拝観することができました。

阿弥陀堂にもお参りして式場の御影堂へ戻ると時計の針は十時半間近を指していました。十時三十分定刻に開式。真宗宗歌斉唱、門首挨拶のあと式次第は表彰状・記念衣体贈呈へと進みます。受章寺院は、今年宗祖親鸞聖人の御遠忌法要が厳修されたため二ヵ年分となり全国で二百三十一ヵ寺。その内九十一ヵ寺が欠席でしたので、百四十ヵ寺が参列したことになります。

典礼の寺院名呼び出しに応じて各寺二名が前へ進み、表彰状と記念衣体を受領しました。そうそう、「衣体《えたい》」とは何だろう? 聞き慣れない言葉だなあ、と思われるムキもおありかと思います。衣体とは、宗内法に則った僧衣のこと。今回の記念衣体は、連続五十ヵ年宗派経常費御依頼額完納を称えて特別に制定された「畳袈裟《たたみげさ》」。畳袈裟というのは、外見は「輪袈裟」の形になっていますが、五条袈裟を畳んだもので広げると五条袈裟になる袈裟のこと。

受章台は二箇所設けられていてダブル・トラックで進められましたが、百四十ヵ寺が受章を完了するには五十分ほどの時間を要しました。戴いた衣体を着用して宗務総長のお話を聞き、お勤めをしました。差定《さじょう》（法要次第）は、正信偈《しょうしんげ》・同朋奉讃。全国各地からの参会者にもかかわらず、語句も節も全く乱れることもなく声高らかに唱和。堂内に勤行の声が響き渡り感動的でした。

　式典終了後、懇談会場のホテル・グランヴィア京都へ徒歩で移動。ホテル・グランヴィア京都はＪＲ京都駅の駅ビルの中。あいにく雨が降り出したため、東本願寺東南角から地下道へ。駅まで歩きましたが、近いようで遠い道のりでした。午後一時から会食・懇談。参会者が三百名に垂んとする会食・懇談会場は圧巻。飲むほどに酔うほどに声が大きくなり、会場の雰囲気は盛り上がっていきました。

　と、見知らぬ？住職らしき御仁が私に声をかけてきました。いぶかりながら拝顔すると「照元興園です」。「おーッ、照元君か」と思わず大きな声を出してしまいました。そう、高等学校の教員をしていたころの教え子だったのです。こちらも老けましたが、彼の頭も白髪、一見したところでは分かりませんでした。彼の結婚式で会って以来ですから四十年ぶりの再会かな？　現在は高山教区荘川組の浄念寺の住職をしていらっしゃるとのこと。教え子に再会できて望外の喜び、ご縁の有り難さを痛感したひとときでした。

合掌

《二〇一一・一一・二・記》 hp №128

## 住職退任に当たって　ただただ感謝のみ

東日本では過去最大級の烈震が発生し、大津波を伴って前代未聞の大災害となっています。テレビや新聞で報道される状況は、まるで架空の世界の出来事のように感じられます。震災で亡くなられたみな様には心より哀悼の意を表すとともに、被災された関係各位には心よりお見舞い申し上げます。

住職を交替しようとするこの時期にこうした災害が発生するとは、何とも不思議な巡り合わせを感じずにはおれません。住職後継の長男は、二泊三日の修習のため三月十一日京都の本山に出かけていました。修習初日の午後、東日本・関東大地震が発生。心配しましたが無事修習を終え、十三日夕刻には住職任命の辞令を携えて帰宅坊しました。了願寺第十七世本田眞住職の誕生です。

私が住職就任の手続きを始めたのは一九五九（昭和三四）年九月。同月二十六日には過去最大級の伊勢湾台風が当地方を直撃。本山・東本願寺及びその出張所である名古屋教務所は災害対応で大混乱。特にご門徒の金城湯池である県内海部・津島地方では一ヶ月以上も住宅内に潮が満ち干する状態。そのために事務処理が遅れ、了願寺第十六世住職を拝命したのは同年十一月十九日。

折しも新興宗教が教線拡張で猛威を振るっていた時期。新興宗教の信者が真宗門徒宅へ押しかけて、「折伏《しゃくぶく》」とかいう論戦を仕掛け、お仏壇を壊しご本尊を焼き払って改宗させるという、過激な行動もありました。こうした中、いわゆる既成教団は信仰再生運動に取り組み始めましたが、なかでも最も注目されたのが我が大谷派の「同朋会運動」。「家の宗教から個の自覚の宗教へ」というスローガンのもと、「特別伝道」を柱に据えた格調高い教化活動が全国で展開されました。当山を始め、知多地区全域でもこの信仰再生運動は盛り上がりを見せ、当山では一九九六（昭和四十一）年聞法の会「東浦同朋会」を結成しました。以後毎年総会と六回の例会を連綿と開催してきました。例会は、この三月で二五八回を数えています。

もちろん、従来型の教化活動も怠りなく実践してきました。メインの報恩講を始め、永代経・修正会・ご門徒宅の報恩講等々。加えて、時代に即応してメディアに依る新機軸の教化・伝道にも取り組んでいます。住職就任三年後の一九六二（昭和三十七）年には寺報『受教』を創刊。Ａ４判四ページ建てで年四回発行、本月には第一九八号を迎えます。インターネット上で公開している了願寺のホーム・ページ、開設以来十年を経てアクセス数は二万一千回超となっています。

一方、ハード面の整備ではまさに「土木建築住職」の五十年間でした。就任早々取り組まねばならなかったのが伊勢湾台風による災害復旧。本堂の立て起こしと大屋根の葺き替え工事には、莫大な経費と時間を要しましたが、ご門徒の篤き支援をいただいて一九六四（昭和三十八）年には竣工を見、翌一九六五（昭和三十九）年に落慶法要と親鸞聖人七百回御遠忌法要を併せて勤修することができました。

この一大事業を出発点として、私の土木建築住職の歩みが始まったのです。折から押し寄せるモータリゼーションの波を受けて、参詣者用の駐車場の設置が求められるようになりました。まずは公道までの車用の参道開設。一九六八（昭和四十三）年完成。その三年後、第二期工事として、境内東の竹藪を切り開いて参道を延長して駐車場を新設。併せて墓地利用滞留希望者のための墓地の拡張も実現できました。一九七一（昭和四十六）年事業完了。

一九八〇（昭和五十五）年代に入り、寺院での葬儀の回数が増え座敷が手狭になったため、会館兼書院と玄関棟の建設を発願。了願寺創建以来最大の建築工事となり、総額六千万円余の事業費を要しましたが、ご門徒各位の熱意と御協力で事業は円成しました。竣工を期して一九八二（昭和五十七）年四月親鸞聖人御誕生八百年の慶讃法要も勤修することができました。

一九九四（平成六）年盛夏、酷暑のある日突然庫裡の大屋根が轟音とともに崩落。まさに青天の霹靂。庫裡は築二百五十年、どこかの酒蔵を移築したものとか。徳川幕府の治世下では、寺の庫裡の新築は許されなかったようで、近隣の寺でも同様の例が見受けられます。早速庫裡の建て替え事業を立ち上げ、古民家再生で有名な安曇野在住の建築家・降幡廣信先生に設計を依頼。設計および準備作業に一年余を要し、阪神・淡路大震災が発生した一九九五（平成七）年に着工。総事業費一億五千万円余で一九九六（平成八）年事業完了し、十一月に落慶法要を勤修。

二十一世紀に入って「蓮如上人五百回御遠忌法要」勤修を発願。記念事業は本堂大屋根の葺き替えと内陣荘厳の修復・出仕廊下の新設。本堂の修復は前回より数えて三十数年を経て二回目。総事業費は一億五千万円余を要しましたが、ご門徒各位のご芳志を戴いて二〇〇四（平成十六）年四月、おかげさまで御遠忌法要事業を円成することができました。

五十余年に亘る住職在任中のこうした堂宇・境内の営繕・整備には、ここ所載以外の事業も含めると、総事業費累計は五億円余にのぼりましたが、ご門徒および関係各位のご懇念を戴いて完遂できました。感謝の念一入です。有り難うございました。お陰さまで健康に恵まれ、ご門徒はじめ数多の方々のご支援を戴いて五十余年の任務を全うすることができました。重ねて有り難うございました。ただ、ただ感謝のみ。

合掌

《二〇一一・四・三・記》hp №121

# HP引っ越し顛末記

根　kon

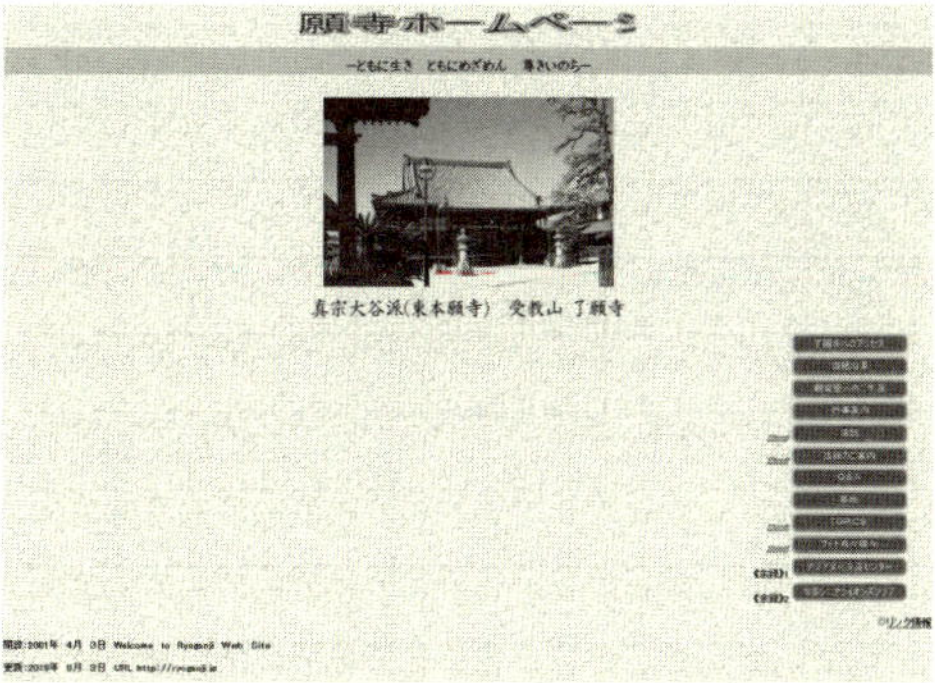


この法話をアップロードしています「了願寺ホーム・ページ」は二〇〇一年四月に開設。以後十三年、寺門興隆の願いのもと何とか命脈を保ってきました。ソフト面での報恩行の一助となれば…と。トップページのもとにサブページを設けるという大枠を決めてページを作成。ご覧いただいているようにサブページは、「了願寺へのアクセス」「由緒沿革」「親鸞聖人のご生涯」「行事案内」「法話」「法縁のご案内」「Q&A」「墓地」「TOPICS」「フォト転々縷々」の十ページ。

それぞれのサブページのコンテンツとしては、法話、法要・了願寺維持振興会・東浦同朋会等の行事案内等のテキストデータ、執行した法要や催事の記録写真や各種工事の進捗状況を表す写真、季節の移ろいをとらえたフォト等々の画像データ。この編集方針は現在も貫かれており、大枠においては発足当初と同じスタイルを保っています。

ホーム・ページの運営については、パソコンの入れ替え時に少々トラぶったこともありましたが、概ね順調に推移してきました。ところがです、今年の三月の初めごろでしたか、NTTコミュニケーションズ（株）のカスタマーズフロントの方から電話が入りました。聞けば、その時までに複数回架電いただいたようですが、不在などを理由として家族のものが私を電話口に出さなかったようです。といいますのも、商取引の勧誘や商品の売り込みの電話が毎日入りますので、架電元がはっきりしない場合は私に取り次ぎがないようにマニュアル化していたために情報が途中でカットされていたのです。

改めてカスタマーズフロントの話をお聞きしたところ、どうやら今まで利用させて戴いているNTTコミュニケーションズの「OCNホスティング メール&ウェブ30」のサービスが廃止になるといった趣旨のようでした。が、雲をつかむような話でしたので、FAXかEメールで資料を送ってくださるようお願いしました。A4サイズ七枚の資料が届きました。タイトルは「Bizメール &ウェブビジネス まるわかりガイド」。何のことはない、中身はBizメール &ウェブビジネスを活用してホーム・ページを公開しよう、そのためのホーム・ページ作成作業も請け負いますとのコマーシャル。

一方、相前後してNTTコミュニケーションズ（株）からもA4資料が入った角2封筒のDMが届きました。その添書のタイトルは「『OCNホスティング メール＆ウェブ』の提供終了について」。そう、当ホーム・ページが利用しているサービスは、まさに「OCNホスティング メール＆ウェブ30」。提供終了となれば、否が応でも新サービスに乗り換えなければなりません。後継サービスとして「Ｂ·ｉｚメール＆ウェブビジネス」が提供されるとのこと。そして、新サービスへ移行のためのセットアップ等の初期費用も特典としては無料扱い。そりゃそうでしょう。ホーム・ページのサイト移動はOCN側の〝勝手な事情〟によるものですから。

しかし、事情はともあれ、現実はホーム・ページの移転作業をしなければなりません。先ずはOCNに新サービスを利用する旨のmailを発信。そうしましたら五月二十六日、即座にauto-replyのメッセージを受信。メイン・タイトルは「Ｂ·ｉｚメール＆ウェブビジネス お申込み受付のお知らせ」。主な内容は、「プラン：メール＆ウェブビジネス ライト、ご利用開始希望日：二〇一四（平成二十六）年七月一日」等。続いて次のような「ご利用開始までの流れ」が記載されていました。
＊コンテンツ複製完了メール↓　＊ご利用内容のご案内↓　＊コントロールパネルで

の各種設定（お客様作業）↓　＊新旧サーバ併用設定（お客様作業）↓　＊メール＆
　ウェブビジネスのご利用開始↓　＊メール＆ウェブの廃止
六月十二日第二信を受信。タイトルは「メール＆ウェブ コンテンツ複製完了のお知らせ」。本文は「お客さまのアカウント情報・コンテンツを『メール＆ウェブ ビジネス』サービスへ複製しましたのでお知らせします。」というものでした。そしてコンテンツ複製開始時刻は2014-06-12 15:55:03、同じく複製完了時刻は2014-6-12 16:04:21と記されていました。また、新しいサービスの情報としては、お客様番号がH＊＊＊＊＊に変更されたこと、一方ドメイン名は従前どおりryganjijpであることが付記されていました。
翌十三日、「お客さまへの重要なお知らせ」を受信。「お申込みいただきました内容につきまして、以下のURLにアクセスいただきますと、サービスのID、パスワード等、サービス利用のために必要な情報がご確認いただけます」とのメール。件名に【重要】とあるように、このURLの中身は新HP開設のための命綱。開いてみると、タイトルは「ご利用内容のご案内」。最初の項目は、利用開始日・契約者名・お客様番号等のお客様情報。次に「各種設定情報」。利用サービス情報として「Ｂ・ｉｚメール＆ウェブ ビジネスライト」、ドメイン名は「ryoganji.jp」。まぁここまでは重要とはいえ、常識の範囲内で対処できますが、以下の項目になると扱いが少々面倒。

まず、「コントロールパネル」情報。その中には「ユーザＩＤ（管理者用）」「ユーザパスワード（管理者用）」「コントロールパネルのURL」。いずれもアルファベットの大文字小文字と数字や記号の組み合わせ。単語の意味をなさないランダムな文字列。次は「カスタマーサポートデスク」。「認証ＩＤ」と「認証パスワード」。いずれも前項と同様、アルファベットと数字のランダムな組み合わせ。最後に「設備情報」。「ＷＥＢサーバのＩＰアドレス」と「ＷＥＢサーバのサーバ名」。ＩＰアドレスは数字のみの組み合わせで、ページの設定時等によく使います。サーバ名はアルファベットと数字や記号の組み合わせ。

プロバイダ側から上記の情報提供を受けて新規サイトにＨＰを開設し、現行のＨＰのコンテンツを移す段階に至りました。私がＨＰ作成とプロバイダへのデータ送付に使っているソフトウエアはＩＢＭの「ホムページビルダー」。十三年前の発足当初は「10」、現在使用中のバージョンは「15」。市場には「18」が出回っているようですので「15」でも時代遅れかな？　でも、今はそんなことにこだわっている時ではありません。Ｂｉｚメール＆ウェブ ビジネス ライト上に新しく了願寺のウェブサイトを構築しなければなりません。

コンテンツを新しくウェブサイト上にアップロードするにはまず転送設定。ホームページビルダーの「ページの公開」↓「転送の設定」↓「新規作成」↓「名前」と進み、次は「転送設定」のダイアログボックス。「ＦＴＰサーバー名」のボックスにはＩＰアドレスを打ち込みます。次の「ＦＴＰアカウント名」にはユーザＩＤを入力。三番目にＦＴＰパスワードのボックス。文字通りパスワードは当事者のみが知る秘密の文字列。

設定の段階でのご指導では、その文字列の短いのはダメ、一般的な「単語」もよろしくないとのこと。そして@マークを入れ、一字を大文字にすると完璧の由。最後は「転送先フォルダ」のボックス。これはプロバイダの方から指示された文字列。準備完了して「ページの公開」から「サイト転送」をクリックすると、新しいメール＆ウェブビジネス上に了願寺ホーム・ページが公開されました。今後とも、このコンテンツの改編・更新を私の手作業で続けていく所存です。

合掌

《二〇一四・七・三・記》hp №160

肆の章

# 日暮らしのなか仏学道

―余道《よどう》に事《つか》うることを得ざれ―

# 賽銭の意《こころ》

先日、ＮＨＫの報道番組の中で初詣の総括の意味も込めてか、「賽銭」にまつわる話題が放送されていました。確か京都の神社での取材だったと思いますが、最近お賽銭の中に外国通貨が多く見られるようになったとか。参拝に来た中国人は、カメラの前で日本のコインと中国のコインを見せて、両国の通貨をお賽銭として投げ入れていました。

ズーム・アップされた賽銭群の中には、外国の紙幣が散見されました。中国や韓国の紙幣、ドル札やユーロ札、そしてインドのお札。中には一見しただけでは分からない国の紙幣も。硬貨についても、さまざまな国のコインが十円玉百円玉五百円玉に交じって鈍い光を放っていました。中には周囲が銀色、中央が金色に輝く珍しいコインが大きく映し出されていました。

同じ賽銭の話題の中で、取材先が名古屋市西区の八坂神社に変わりました。それほど大きな神社ではなかったと思いますが、ちょっと変わった慣わしを紹介していました。大人がコインの賽銭を賽銭箱でなく参道に投げます。すると、どこからともなく数人の子どもたちが現れ、われ先にとコインを拾います。もちろん、投げられるコインの数は一個、二個ではなく、一握り、二握りという単位。

　ナレーションに依れば、その〝趣旨〟は「神様からのお年玉が分け隔てなく子どもたちに与えられるように」とのこと。よう分かりませんが、伝統的に行われている行事のようです。じゃあ、その神社の正月の賽銭収入はゼロということになるのかな？と下衆《げす》の勘繰り。それよりもっと気になるのは、この話を聞きつけて子どもたちがワンサと集まってきたらどうするのでしょう。いや、ご心配なく、参加できる子どもはその神社の「氏子」の子どもたちに限られるとか。

　風変わりな風習もあるものだな、と感心してTVニュースを視ていました。ところで、「賽銭」にはそもそもどんな意味があるのでしょう。辞典で調べてみましたら「寺社へ参詣して、神仏に奉納する金銭」（『辞林』『広辞苑』『新解国語辞典』）とありました。他に「賽」は「報いる」で「報恩感謝の意を捧げる」（『真宗辞典』）の記述もありました。

　いずれにしても、賽銭は「報恩感謝」の意を込めて「奉納」する金銭ということになりましょう。逆の視点からすれば、神仏に何かをお願いする、祈願する代価として賽銭を投げるのではないということは明らかです。ところが、正月のテレビ番組で「そんな大きな願い事をするのに賽銭は幾ら上げたの？」などとしゃべくりあっているケースもあります。

やはり、お賽銭は願い事の代価として捧げるものだ、ということが常識化しているのでしょうか。

以前、賽銭を投げるという行為は、金銭に執着する煩悩を断ち切るためだ、というような説を聞いたことがあります。通貨経済で成り立っている今日の経済社会、お金が万能といっても過言ではありますまい。したがってその金銭に全く執着しないという人がいたとすればそれはまさに〝仙人〟でしょう。せめて神仏にお参りする時ぐらいは金銭に対する執着心から離れるように、物理的にわが身からお金を切り離すために賽銭を投げる、ということでしょう。一理ある説かも。

そうした考えからすると、名古屋市西区の神社で子どもたちが賽銭を拾い集めるという慣わしは一体どういう教えに根拠があるのかな、と首を傾げざるを得ません。拾い集めた賽銭を何かに役立たせるという解説はなかったように思いますし…。子どもたちはそのお賽銭をそのまま自分のお年玉にしてしまったのでしょうか。となると、子どもたちにお金に関わる執着を助長してしまうような気がしてなりません。

前段の外国通貨のお賽銭はどの神社にもあるようですが、両替せずにユニセフの方へ寄付されるようです。ユーロやドルや人民元やウォンの紙幣は国内の銀行で日本円に交換できますが、硬貨やあまりなじみのない国の通貨は簡単に日本円に換えることができません。

したがって、外貨のお賽銭をユニセフに寄付するというアイデアは非常に賢明だと思います。初詣に外国人が増えたということは、日本社会のグローバル化が一段と進んだことを示していると思われます。

合掌

《二〇一一・一・二八・記》hp №119

# 激震と戦争

ニュージーランドで二月二十二日に地震が発生。南島のクライストチャーチの激震災害は実に悲惨で目を覆いたくなる状況です。マグニチュードの値は六・三で、阪神淡路大地震の七・三より一ポイント低いとのこと。だのに被害が甚大だったのは、阪神大地震の震源の深さが十六㎞だったのに対して、今回のニュージーランド地震の震源の深さは四㎞と浅かった。そのためマグニチュードの割に揺れが激しかったと専門家が指摘しています。また、震源が浅いと狭い地域に集中して激震が襲うといわれます。今回そういったことが残念ながら実証されたかたち。

南半球という遠いところで発生した地震であるのに、連日連夜報道で取り上げられています。その要因の一つには、日本人の留学生・研修生がこの災害に巻き込まれたということがあります。彼らの研修施設「キングス・エデュケーション」が入居する市の中心地大聖堂近くに建つ五階建てのＣＴＶビルが崩壊。行方不明になっている二十数名の日本人研修生の多くは倒壊したこの建物中に閉じこめられているのではないか危惧されています。

いずれにしても、被災地は日本から一万数千㎞離れた南半球、ようやく日本からも救助隊が到着しましたが即時的な対応ができないのがもどかしい思いです。しかし、日本のこの地方でも比較的近い時期に、東南海地震あるいは東海地震が発生するといわれていますので、よそ事と思わず足下の地震対策や心構えを培っておく必要がありましょう。

かつて古老が、「大地震は五十年に一度起こる」といっていたことを思い出します。そう、私も五十年前、否、六十年前になりますか、大地震を経験しています。一九四四（昭和十九）年十二月と一九四五（昭和二十）年一月。十二月七日の地震は「東南海地震」、翌年一月十三日の地震は「三河地震」。東海地震のマグニチュードは七・九、三河地震のマグニチュードは六・八だったとのこと。いずれにしても、超大型の地震が一か月余の間に二回も当地方を襲ったわけです。

十二月の東南海地震が発生した時、私は小学校二年生。その日は確か水曜日だった記憶。水曜日は半ドンで帰宅して昼食をすませた後、茶の間で宿題をやろうかと机の前に座った時だったたと思います。突然襲ってきた激震に母とともにはじかれたように屋外へ。玄関の二本のガラス戸がピシャン、ピシャンと両側の柱で弾かれて往復する合間をすり抜けて外へ。その瞬間のことは今でも鮮明に脳裏に刻まれています。

途中からは走れずに地べたを這いずっていきました。振り返ると通り過ぎた後に高さ三

メートルほどの石灯籠が倒れていました。火袋は粉々になり、擬宝珠は遠くへ飛んでいました。二〜三秒遅かったら私は圧死していたかも…。何十秒か経って地面の揺れはおさまりましたが、本堂を見上げると依然として揺れ続けています。ギー、ギーと音を立てながら大屋根の軒先が右に左に一メートル余、ゆったりと揺れていた光景を今でもはっきり思い起こすことができます。

同級生が訪ねてきて、初体験した大地震の怖さを興奮気味に話し合った記憶があります。そのあと、下の町筋へ下りて行ってビックリ。鋸形屋根の工場はペシャンコ。一階がつぶれてその上に二階が居座った商店。倒壊して道路を塞いだ民家。二〜三年前に築造された新しい県道の中央には幅二十センチほどの亀裂が走り、三十センチほどの段差も。

こうした災害はわが町のみならず、愛知県内、否、東海地方全域で発生したと思われますが、太平洋戦争まっただ中、報道管制が敷かれ地震災害情報はほとんど明らかにされませんでした。それどころか、「被害はたいしたことはない」「すぐに復旧できる」といった主旨の、つまり実態とは大きくかけ離れた虚偽の内容の記事が新聞に載ったとのこと。

その後四十日足らずの一月十三日、当地方でまたもや大地震が発生。マグニチュード六・八の三河地震。この地震は局地的ながら被害は甚大でした。わが東浦町と境川を隔てて隣接する西三河地方は、真宗大谷派の教勢の盛んなところで当派寺院の密度が高い地域。そうした寺院では本堂等の堂宇もたくさん倒壊。折しも太平洋戦争末期、名古屋都市圏の小学生が敵機の空襲を避けて近郊のお寺などに集団疎開。

現在の高浜市吉浜の正林寺と寿覚寺には、名古屋市瑞穂区の堀田国民学校（現・堀田小学校）の学童が疎開していました。一月十三日未明直下型の三河地震が発生し、両寺とも本堂が倒壊。学童八人、先生や寮母五人計十三人が死亡。また、現・西尾市の安楽寺でも本堂が倒壊し、名古屋市中区の大井国民学校（現・大井小学校）の学童八人が犠牲になりました。

この八人の悲劇の裏には痛ましいストーリーがありました。大井小学校の学童達は、最初海部郡の蟹江の方へ集団疎開していました。ところが、近くに誤爆か、Ｂ29からの爆弾が着弾。これは危険だということで現・西尾市の安楽寺に再疎開。そこへ三河地震が襲ったのです。駆けつけたある母親は、遺骸を前にして「お母さんと一緒に空襲で死んだ方がましだった」と肩をふるわせたといわれます。

　そうそう集団疎開といえば、わが了願寺にも学童が疎開していました。確か一九四四（昭和十九）年の二学期からだったと思いますが、名古屋市南区の道徳国民学校（現・道徳小学校）の三年生の女子学童四十人ほどが本堂で起居をともにしていました。賄いのおばさんが煮炊きはしてくれるものの、日常の〝家事〟はすべて三年生の学童がしなければなりません。

　設備が整っていない寺での集団生活は大変なものでした。まずはトイレの問題。もちろん水洗でもなく、浄化槽なんてものもない。ボトン型のくみ取り式。しかも本堂から離れたところに一つだけ。夜になると、「誰かご不浄へ行かない？」と誘っている声が聞こえてきたものです。お墓はすぐ側にあるし、怖かったのでしょう。それにしても、「ご不浄…」などという言葉遣いは、さすが〝名古屋衆〟。

　入浴も大変でした。何せ家庭用の「五右衛門風呂」に、わが家族、教員、寮母を含めると五十名ほどが入浴する勘定。学童は一日おきに半数ずつ交替で入浴、ということだったと思いますが、それでも最後の方はお湯がドロドロ。当時、わが地方には水道は敷かれていなかったので、井戸から手押しポンプで汲み上げた水をバケツで何回も運んで給水。もちろんガスもなく薪で湯沸かし。

話が集団疎開に方に流れてしまい恐縮ですが、その疎開学童も東南海・三河の両激震に遭遇しているのです。疎開学童は三学年以上なので、子どもたちは下校前に校内で地震に遭っているのです。揺れの大きい本堂内でなくてよかった、といえましょう。でも、余震の揺れの激しさに驚いてか、学童は二学期終業と同時に当山から撤退して他のお寺に移って行きました。

その後二ヶ月ほどして名古屋の桜花高等女学校（現・桜花学園高等学校）の生徒が本堂で起居することになりました。どうして？と訝る向きもおありかと。そう、「学徒動員」の女生徒です。当時半田市に中島飛行機（現・輸送機工業）の製作所があって戦闘機などを作っていました。その分工場が当山の近くにでき、そこで動員学徒が作業していました。その宿舎として学童退去後の当山に白羽の矢を立てたのでしょう。

それから数ヶか月後の一九四五（昭和二十）年の八月十五日、日本は太平洋戦争に惨敗しアメリカを始めとする連合軍の占領下に。そして、日本は激震・激動・激変の時代に突入。今までの教育も、正義感も、価値観も、道徳観も全てひっくり返り、国民は茫然自失。まさに親鸞聖人がおっしゃった

煩悩具足の凡夫　火宅無常の世界は

よろずのこと　みなもって　そらごとたわごと
まことあることなきに
ただ念仏のみぞまことにておわします
のフレーズがひしひしと感じられることとなりました。

《二〇一一・二・二五・記》
hp №120
合掌

# 縁起の道理

先月（四月）の十三日は金曜日でした。西欧では忌みきらう日。何故かといえば、イエス・キリストが十字架に架刑された日だからとのこと。したがって、西欧では十三日の金曜日はいわゆる「縁起の悪い日」。日本では、十三日の金曜日はそれほど忌みきらわれている日ではないようです。

そうそう、今年一月、イタリアはジオリ島付近でイタリアの大型豪華客船コスタ・コンコルディアが座礁したのが十三日の金曜日。船には四千人以上が乗っていたとのことですが、船長が船客の救助をせずに真っ先に逃げたことで有名？になりました。続報では二十九人が行方不明になっていると伝えられていました。やはり十三日の金曜日は厄日だと声高に叫んでいる人もいるとか…。

何年か前のことですが、中国を訪れた時、上海のあるビルのエレベータの階数表示には四、十三、十四が欠番になっていました。仄聞するところによれば、13Fを12Fbと表示しているところもあるとか。その他、空港のゲート、アパートの部屋、病室、飛行機の座席等々の番号でも4や13を欠番にしているところがあるようです。

第二次世界大戦（太平洋戦争）終戦後、東京で開かれた極東軍事裁判で死刑を宣告された「戦犯」が処刑された巣鴨刑務所。絞首台へ登る階段も13階段と報道されていましたね。一方、日本流では「9＝苦」ということから9、また発音から「4＝死」で4も忌みきらわれています。アパートや病院の部屋番号、航空機の座席番号から9や4が外されている例もあるとか。いずれも迷信以外の何ものでもありませんが、科学文明の時代といいながらこうした事例がまかり通っているのは、人間の弱さを露呈していること以外の何ものでもないでしょう。

日柄・方位の迷信も人間の弱さという観点から見れば同類のものでしょう。結婚式や家新築の上棟式、新店舗の開店などは大安・吉日に行うのが常識化されています。また、友引の日に葬儀を行うと、関係者が死人に友として引き込まれ死ぬ恐れがあるということで、友引の日には葬儀を執り行わないことが一般化されています。以前は公営の火葬場も友引の日を休業としていましたが、最近では営業しているところも。私もつい最近、友引の日に葬儀を勤めさせていただきました。親鸞聖人からは「吉良日を視ることを得ざれ」とお教えいただいておりますので、社会常識も改められることを願っています。

自分の日常生活に不幸が降りかかると「縁起が悪い」とおっしゃっているのをよく耳に

します。では、その「縁起」の正体とはいったい何なのでしょう。「縁起」は仏教用語の「因縁生起」が語源。一般的には良いこと悪いことが起こる兆し、前兆の意味で用いられ「縁起を担ぐ」とか「縁起が良い」「縁起が悪い」等と言われています。こうした意味合いから「縁起直し」や「縁起物」などという風俗や習慣が生まれてきたものと思われます。

しかし、「縁起」のもともとの意味は、世界中のあらゆる物事は直接的にも間接的にも、何らかのかたちでそれぞれ関わり合って生滅変化しているということで、仏教の根幹をなす思想の一つです。「因縁生起」の「因」は結果を生じさせる直接の原因。「縁」はそれを助ける外的な条件のこと。ある結果が生じるには、直接の原因（近因）のみならず、その直接の原因を生じさせた原因やそれ以外の様々な原因（遠因）も含めて、あらゆる存在が互いに関係し合うことが必要です。それら全ての関係性の結果として、ある「結果」が生じると考えられるのです。

なお、その時の原因に関しては、数々の原因の中でも直接的に作用していると考えられる原因のみを「因」と考え、それ以外の原因は「縁」と考えるのが一般的のようです。要するに、釈尊の悟られた「縁起の道理」では、全ての存在は「因」（原因）と「縁」（条件）によって「果」を生じているということ。しかし、その「果」は仮に成り立っているだけ。存在していると思っているけれど、それは「因」と「縁」が仮和合しているだけで本来は

「空」であると、浄土教の創唱者であるインドの龍樹菩薩からお教えいただくのです。

これは確かなものだ、間違いないものだと思って抱え込んでいたものが全て空しいものであった、ということです。実体がない、本来空であったということです。ただ、「空」とは単なる「無（非存在）」ということではなく、固定的実体がないということです。自我及び世界を構成するものの恒存性を認める誤った見解を否定することです。有無の対立を否定することと。私という存在もご縁が集まって私になっているだけで、ご縁を全部取り去ったら私という存在はないのです。ご縁によって仮初めに存在し得ているだけ。「因」と「縁」が仮に和合して「果」として私の存在が成り立っているだけ。吐く息も吸う息も、目も鼻も、心臓が動いているのもみなご縁。もともとはゼロであるこの身なのです。

死にむかって
進んでいるのではない
今をもらって生きているのです
今ゼロであって当然の私が
今生きている

——鈴木章子さんの詩集より——

四十八歳で亡くなられた鈴木章子さんの詩のように、自己存在が「空・ゼロ」であるという事実に目覚めたところに「今生きている」という喜びが聞こえてきます。「死んだらどこへ行くのか」。ご縁によってかろうじてこの世に存在している私。ご縁が尽きれば永遠のいのちの世界・お浄土へ還らせていただくのです。

合掌

《二〇一二・五・一・記》hp №134

# 命をいただく

九月三十日付け『中日新聞』「県内版」の「ゆめ人きらり」欄が私の眼を惹きつけました。メイン・タイトルは「『命をいただく』学校給食で食育」。六十五ポイント平体明朝二行で三段抜きの大見出し。安城市の栄養教諭亀田愛先生への取材記事が掲載されていました。先生は、安城市南部学校給食共同調理場に勤務し、市内の小中学校で出される給食の献立作りと調理場の衛生管理がお仕事。

さらに学校に出かけ、子どもたちに食の大切さを教えているとのこと。小中学校で、食をテーマにした授業をしたり、子どもたちと一緒に給食を食べたりしながら、豊かな食事が健康につながることを伝えているとおっしゃっていました。また、アレルギーなどがある場合ならばともかく、そうでない場合は好き嫌いなく食べてほしい、と子どもたちへ願いをこめたメッセージ。

そして、記事の最後の数行が非常に印象的でしたので以下に引用してみます。「私は、食事が始まる前に手を合わせて言う『いただきます』の言葉を大切にしています。『いただきます』には、親や、農作物を作ってくれた人への感謝の気持ちがあるほか、『命をいただきます』という尊い意味があります」との記述。特に最後の『命をいただきます』の表現には共感を覚えました

以前、地元の小学校で学校給食のお相伴させていただいたことがありました。六年生全員が一堂に会しての給食。招待された教育委員やＰＴＡ委員も子どもたちと同じテーブルで会食。私も教育委員の一員として同席させていただきました。全員が席に着いたところで、給食当番の児童がマイクを持って開始のことば。「手を合わせてください」。すると、フロアーから「手を合わせました」の声。間髪を入れず、児童が声をそろえて「いただきま～す」。

こうした作法に父母からクレームが付いたとの報道がありました。「公教育の場に宗教を持ち込むのはもってのほか」「一宗一派の儀式を公立学校の給食時に強制するのは憲法違反だ」等々。それで、どこの県だったか、手を合わせて「いただきます」「ごちそうさま」と言うのを止めたという報道も。そうした学校では黙って勝手々々に食べ出

すのでしょうか、それとも「よーい、食べよ」とでもいって食べ出すのでしょうか。「人間は自分一人では生きて行けない」ことは今更言うまでもないこと。もう一歩つっこめば、「人間は自分の命を維持するためには他（の生き物）の命を奪わなければならない」という宿業を背負っているのです。生・殺相矛盾するテーゼを踏み台として生きているのが人間であります。ただ、そうした状態に「平然」としていられるかどうかが問題。もちろん他の動物も人間と同様な生き方をしていますが、そこに「平然」ということ自体感じているかどうか…。

その人間の「平然」としていられるか否かの意識への問いかけのキーワードが「いただきます」であり「ごちそうさま」なのでしょう。自分のいのちの営みへの真摯な問いかけの言葉を一緒に声を出して確かめることがなぜ「一宗一派の宗教的儀式の強制」と非難されるのでしょうか、理解に苦しむところです。

因みに、「手を合わせる」という行為も「一宗一派」に限られるものでなく、世界中のほとんどの宗教でディテールの違いはありましょうが、共通して行われている祈りの姿だと思います。人間の「心」を問う時の身体の動きは手を合わせることと、身を投げ出してひれ伏すことに尽きるのではないでしょうか。

両手を胸の前で合わせるということは、文字通り「心」が「ハート」へ帰趨することであり、同時に武器（我）を棄てて一心に祈る姿でありましょう。一方ひれ伏す姿も、全ての装飾物をはぎ取って頭を下げ、裸になって全身を投げ出し、全てを神や仏にお任せすることを宣言しているのでしょう。自分をゼロにして絶対者に帰依・帰投する姿なのです。これまさに「五体投地」。

話を元に戻して、給食のはじめに児童・生徒が手を合わせて「いただきます」、そして終わったら同じく手を合わせて「ごちそうさま」をするのは、食材を生産してくださった方々や調理に携わった人々に感謝の気持ちを表すことはいうまでもないことですが、それにも況して、私の命を支えるために命を奪われた「生き物」に対する人間の心の痛みを子どもたちに目覚めさせる絶好の教育の場であると思います。

牛や豚にも魚にも命があります。大根だってニンジンだって、お米だって命があります。その尊い命をいただいて私の命が維持されているのです。大自然の大きな一つの命を、生きとし生けるものが共に生きているのです。冒頭部分の亀田先生の『命をいただきます』の受け止め方は、仏教の生命観にピタリだと共感を覚えました。生態系の循環の中の一員として、大自然の恵みへの感謝と痛みの心を忘れずに毎日毎日の食をいただきたいものです。

合掌

《二〇一二・一〇・二・記》hp №139

# 遺骨ダイヤ

十月三十日付け『中日新聞』夕刊十一面に、特大活字で「『手元供養』遺族癒す」の見出しを付けた記事がありました。サブタイトルは「遺骨ダイヤ」「遺灰ペンダント」の横書きゴシック文字と「仏壇・墓の代わりも」の明朝体縦書き。黒塗り位牌と手前に置かれた指輪の写真も添付され、「遺骨などを身近に置く『手元供養』が広がっている。葬祭業者も指輪などのサンプルを展示して遺族に紹介する」との写真説明が付けられていました。

これらの見出し文字列と写真説明文からこの記事の内容を大凡ご理解いただけたと思いますが、要は家族等が亡くなっても、仏壇も位牌もお墓も不要と考える人が増えてきているということでしょう。少子化、世代間別居、無宗教化の流れから生まれてきた日本の社会現象の一端かも知れません。特に後継者のいない老夫婦にとっては、死後残された仏壇や墓の〝処分〟も重荷になりましょう。

この「手元供養」の企画もそうした背景を見通しての商魂とみられますが、この透き間商法、意外と受けるかも。具体的には、依頼主から預かった遺骨を使って作業を進めるようです。遺骨から取り出した炭素に高圧をかけてダイアモンドを作製。そのダイアモンドを指輪に取り付けて指にはめ、遺骨と密着して日暮らしをするという発想。一方、遺灰は石英と混ぜて焼き固めてペンダントを作り、常に身につけ故人を偲ぶことができるとのこと。

いずれにしても、亡き人・愛しき人が常に身近にいるという感じで癒やされるということのようです。いわゆる「手元供養」ができるということでしょう。「ご遺骨や遺灰が故人と遺族をつなぐことは昔と同じ。お骨が心の支えとなり、癒やしとなる日本の伝統的な思想そのものだと思う」との「手元供養」創唱者のコメントも添えられていました。

こうした企画は、少子高齢化・世代間別居の進む現代社会においてはタイムリーな商法だとは思いますが、わが浄土真宗・親鸞聖人の教えに照らしてみるといかがなものかと思わざるを得ません。第一に親鸞聖人は、いわゆる「供養」の言葉とそのあり方については否定的な取り扱いをされています。代表的な言葉としては『歎異抄』の「親鸞は父母の孝養のためとて、一辺にても念仏もうしたること、いまだそうらわず。…」。

そうした聖人のお考えの根底には、供養する心の奥底の問題があったのでしょう。それは何かといえば、供養することによって得られるご利益。そのご利益を得るためには「祈願」の心の働きが見え隠れしています。供養する心と祈願する心が一体になって働き、ご利益に預かることができるというのが世間一般の受け止め方ではないでしょうか。

供養と祈願は表裏一体の関係。そうした観点から聖人は、「祈願」という言葉についても否定されています。聖人の教えの流れをくむ浄土真宗の各寺院では、「お祓い」とか「ご祈祷」とか、いわゆる祈願法要は一切執行していませんし、「占い」とか「おみくじ」等の卜占活動は全くありません。「卜占祭祀」大繁盛の日本の宗教界の中で、真宗寺院のみが特異な存在となっています。

では、親鸞聖人はなぜ他宗派では一般的に行われている「供養」「祈願」や「卜占祭祀」をよしとしないのでしょうか。そのポイントはご自身の真実を求めての〝信仰遍歴〟の中にあるのではないでしょうか。聖人は九歳の時青蓮院門跡で得度し、比叡山延暦寺で修行に励みました。しかし、その延暦寺では貴族をスポンサーとした祈願・祈祷法要が盛んに営まれていました。また、修行僧の出身門地による差別も横行していた模様。

そうした比叡山での修行では真実の救いを見いだせず、聖人は二十九歳で下山し、聖徳太子の建立と伝えられる六角堂に参籠。九十五日目の暁、聖人は救世観音の夢告を受け、そのまま吉水の地におられた法然上人のもとを訪ねられました。そしてさらに百日、法然上人の教えに耳を傾けられ、ついに、本願念仏の教えこそ全ての人々を救う法であるとうなずき、帰依されたのです。

その後法難にも遭われましたが、遠流《おんる》の身となった中でも辺地の人々を教化するとともにご自身の信心もますます深められました。親鸞聖人の作られた『和讃《わさん》』の中には聖人の信心の純粋性が端的に表現されています。

五濁増《ごじょくぞう》のしるしには
この世の道俗ことごとく
外儀《げぎ》は仏教のすがたにて
内心外道《げどう》を帰敬《ききょう》せり

かなしきかなや道俗の
良時吉日《りょうじきちじつ》えらばしめ
天神地祇《てんじんじぎ》をあがめつつ
卜占祭祀《ぼくせんさいし》つとめとす

かなしきかなやこのごろの
和国の道俗みなともに

仏教の威儀《いぎ》をもととして
天地の鬼神を尊敬す

《二〇一二・一一・二・記》
hp No.140　合掌

# さくら…桜

写真は当山境内の満開の桜。三月三十日撮影。例年は四月四～五日ごろが満開時期。今年は例年にない厳冬だったため、桜の開花も遅れるのではないかと思いきや、逆に例年より早く満開を迎えました。当山境内には、桜の木が大小合わせて六本あります。鐘楼周辺に五本、庫裡の東の土手に一本。鐘楼の南北にある二本の幹の直径はともに五十センチほどあって巨大、他に比べ抽んでています。

記憶が定かではありませんが、植え付けたのは今から六十二～六十三年前だったと思います。私が中学一年生になったときだったと思いますが、「緑の週間」の記念事業として桜の苗木を東浦町からいただけるということで、希望本数を申し出るようにとの「お知らせ」があり、母親が確か数本の希望を出したと思います。そして桜の苗木が町役場から届いた記憶です。苗木の大きさはといえば、高さが約二メートル、太さは直径二～三センチだったと思います。

因みに、「緑の週間」は一九四八（昭和二十三）年から今日に至るまでに度々変遷してきております。最初の制定は一九四八（昭和二十三）年で、四月一日～七日の一週間。その後四十年を経て一九八八（昭和六十三）年、四月二十九日を「みどりの日」に制定するのに伴い、四月二十三日～四月二十九日を「みどりの週間」とすることになりました。さらに、二〇〇七（平成十九）年四月二十九日が「昭和の日」になるのに伴い、「みどりの日」が五月四日に変更され、「みどりの週間」を廃止して四月十五日～五月十五日を「みどりの月間」とすることになったとのこと。

話を元へもどして、町から戴いた「ソメイヨシノ」数本は一応活着してかなり成長した記憶ですが、その後台風で倒れたり虫害に襲われたりして枯死し、補植。鐘楼を挟んで南北にある一本ずつが高齢健在。特に南側の一本は元気溌剌、枝張りの直径が二十メートル以上はありましょうか、道路の上まではみ出しています。北側の一本も台風で中心幹が折れたにも拘わらず花がビッシリ、重厚な枝振りをみせております。

当山は海抜十メートルの段丘上に立地しているため、寺務所二階の窓からは〝下界〟の風景が手に取るように見えます。東の方角をみると眼下に旧県道、百メートルほど先に国道、そして五百メートルほど先方には田んぼの中に間道、更にその先に目をやると約一㎞のところに国道バイパス。それぞれの道には右に左にひっきりなしに車が行き交っています。特に自動車部品を運ぶ大型トラックが目立ちます。ということは、逆にそれぞれの道を走る車からも当山の桜が見えているはず。寺域から百メートルほどの距離を置く国道沿線には、ガソリンスタンド、建築店、バイク屋、喫茶店、フラワーショップ、レンタルビデオ店、電器スーパー、寿司店等々が両側に立ち並んでいます。そうした店舗の駐車場から当山の境内・伽藍を見てみました。予想どおり本堂の大屋根の手前に桜花の絨緞がふわふわと敷き詰められた感じ。まさに「春爛漫」。

桜といえば五十二〜五十三年前の〝荘川桜移植譚〟のことを思い出します。大学卒業間近のころ、同級生の市村博之君が憔悴しきった表情をしていました。失礼、ちょっと大げさかな？　彼は岐阜県大野郡荘川村の光輪寺のご子息。折しも電源開発が御母衣ダムを建設することになり、光輪寺はダム湖底に沈む水没予定地となったのです。先祖代々の地を追われ他の地へ移転しなければならない。住民達は熾烈な反対運動を展開。

一九五二（昭和二十七）年六月、水没対象となる二百三十戸は「御母衣ダム反対期成同盟」を結成し一致団結して反対運動を立ち上げました。電源開発は同年十一月より交渉を開始すると同時に工事用地の買収に取り掛かりました。同盟会はこれに反発し反対運動は激化。ところが反対運動の先鋭化を疑問視する住民達が現れ、五十六戸の住民が同盟会を脱退し交渉に応じる姿勢を見せたのです。

危機感を募らせた残る百七十四戸の住民は一層の団結を図ろうと同盟会を改称。「絶対」と「死守」の語を加えた「御母衣ダム絶対反対期成同盟死守会」を結成し一歩も引かない態勢を取ったとのこと。この「死守会」において先頭に立ったのは書記長に就任した女性住民の若山芳枝氏だったのです。移転保証交渉は一部の住民との間では進捗したり、一方では膠着状態に陥ったりして、国会でも取り上げられ難航。

その後、第二次鳩山内閣も問題解決に乗り出し、国会でも御母衣ダムの補償問題等を議論。膠着状態を打開するため高碕達之助経済審議庁長官・電源開発初代総裁が現地を訪れ、「死守会」のメンバーと膝詰めで話し合い問題解決に取り組んだとのこと。その後も断続的に開かれた補償交渉ののち、足掛け七年にも及んだ補償交渉は一九五九（昭和三十四）年十一月「死守会」の解散によって全て終了し、全水没世帯との補償交渉は妥結。

翌年、御母衣ダム建設により水没する予定地を視察中、光輪寺の庭にあった巨桜を見た高碕達之助初代総裁は「なんとかこの桜を救えないものか」と、市井の桜研究家で「桜男」とも称された桜研究の権威笹部新太郎氏に移植を依頼。当初笹部氏はその困難さからこれを固辞したものの、総裁の熱意にほだされ結局は引き受けることに。

桜移植の事前調査に当たるため同地を訪れた彼は、同様の桜の巨樹が照蓮寺にもあることを知り、この桜も移植することを提案し、二本同時に移植することに。移植工事は、世界的にも例がないといわれるほど大がかりなものであったうえ、樹齢四百年以上という老齢とその巨体、更に「桜切る馬鹿、梅切らぬ馬鹿」といわれるほど外傷に脆弱な桜を移植するという難事業。可能な限り枝や根を落とした桜をダム水面上となる丘まで運搬し移植完了。

今あらためて思い返すと、市村博之君はそうしたダム建設による移転補償交渉のまっただ中で卒業論文を書いていたのでしょう。そうそう、大学での講義の間に同種の「蜂の巣城紛争」の話を彼から聞いたことを思い出します。これは、大分県日田市と熊本県阿蘇郡小国町にまたがる、一級河川・筑後川水系津江川の下筌ダム建設にかかる紛争。一九五八（昭和三十三）年、建設省九州地方建設局は松原・下筌ダムの実施計画調査を開始。

水没予定地に住む住民への説明会では、補償問題についての話はなく、ダム建設の必要性のみ。この説明に対して住民は建設省に不信感を抱き小国町は「建設絶対反対」の決議を採択。これに対し建設省はダム建設を早期に進めるため土地収用法に基づく立木伐採を行おうとしました。立木地主は建設省の強引な対応に態度を硬化、交渉断絶を宣言。住民の抵抗運動は更に加速し一九五九（昭和三十四）年、ダム建設予定地の右岸に砦「蜂の巣城」を建設。住民がここに常駐して監視を行うことに。

その後幅広い反対運動が展開され、時には「反政府運動」の様相も呈し流血沙汰も。また、訴訟・控訴も繰り返され、〝不落〟を誓った「蜂の巣城」も初代が一九六三（昭和三十八）年六月、二代目が一九六五（昭和四十）年六月、ともに代執行により〝落城〟。ダム建設絶対反対の町議会決議を採択していた小国町も条件付賛成に転向。代替集団移転地の造成が開始され、ダム本体工事も開始。そして十三年の時を経て下筌・松原両ダムは一九七三（昭和四十八）年に完成。

当山の満開の桜花から始まった桜談義が岐阜県大野郡荘川村の荘川桜や九州は日田の下筌ダムまで飛んでしまって失礼。「花の命は短くて」、三月三十一日に満開となった当山の桜花も数日過ぎれば葉桜となりましょう。華やかである一方短い命の桜花は、古来韻文や散文等いろいろな文書に儚《はかな》さを象徴する素材として登場してきました。

明日ありと
思う心のあだ桜
世半に嵐の吹かぬものかは

—親鸞聖人—

根　kon

散る桜
残る桜も
散る桜

―良寛和尚―

《二〇一三・四・三・記》
hp No.145　合掌

# 節分談義

二月三日（月）は「豆撒き」が慣例の節分。しかし、「節分」は二月三日に限ったわけではありません。文字通り季節を分けるその日の前日のこと。二月四日の立春の前日・三日の節分は「節分」の代表格。立夏・立秋・立冬の前日も節分とされ、四季の始めそれぞれにあって年四回ある勘定。しかし、何といっても江戸時代以降人口に膾炙《かいしゃ》しているのは立春の前日二月三日の節分。

オッ～と、その二月三日の日付、絶対的なものではないようです。インターネット上の「Wikipedia」によれば過去に二月四日であったこともあり、二〇二五年からは閏年の翌年は二月二日になることもあるようです。いずれにしても、節分は立春の前日で、立春は太陽黄経が三一五度となる日。天体の運行に基づいた日付なので人知で動かすことはできませんが、毎年必ず巡ってくることには間違いありません。

節分に限らず昔から日本の社会では、年に一度巡ってくるこうした日付に何らかの意味づけをした年中行事が執り行われてきました。『延喜式』によれば、季節の変わり目には邪気《じゃき》（邪鬼）が生じると考えられ、それを追い払うための悪霊払《あくりょうばら》い行事が立春の日の前夜（節分）に宮中で行われていたといわれます。室町時代には炒った豆を撒き「鬼外福内」と唱えて鬼を追い払ったと伝えられているようです。そうした宮中行事が庶民に取り入れられ、節分当日寺社で豆撒きをするようになったようです。

近ごろ「恵方巻き」が節分の話題に加わってきました。恵方巻きとは？　何のことはない巻き寿司のことでした。その巻き寿司を節分の日にその年の「恵方」の方角を向いてかぶりつき、目をつむってものも言わずに一本を食べきらなければならない、ということのようです。噛む力飲み込む力が強くないと、救急車のお世話になることになるかも。今年の方角は東北東とのこと。蛇足ながら、「当店では××寺でご祈祷された海苔を使っています」とする店も…。

ネット上の節分のページには「開運」「恵方」「吉」「縁起物」等々の文字が踊っています。いずれにしてもこれらの単語の裏側には自分にとって都合のよい、利益（ごりやく）をもたらす目に見えない力が働いていると思い祈願する心を生じさせるのではないでしょうか。いわゆる〝現世利益〟を求める心から出発した行為というべきでしょう。

そうした〝願かけ〟行為によって幸せが得られたらそれはそれでいいじゃないか、とおっしゃるムキもおありかと思います。が、親鸞聖人はそういうことを願うこと・祈ること、そうした行為を徹底的に否定されました。聖人が残された著作の中にもそうした数多くの言葉が残されています。

『愚禿《ぐとく》悲嘆《ひたん》述懐《じゅっかい》和讃《わさん》』には

かなしきかなや道俗の
良時吉日《りょうじきちにち》選ばしめ
天神地祇《てんじんじぎ》をあがめつつ
卜占祭祀《ぼくせんさいし》つとめとす

とあります。

古来言い伝えられている言葉に「門徒もの知らず」「門徒もの忌まず」があります。「もの忌み」とは、不吉として物事を忌み嫌うこと。もの忌みと神祇信仰は表裏一体の関係。天神＝天の精霊　地祇＝地の精霊　卜占祭祀＝霊の祟りや支配から逃れるため占いに頼りお祓いすること。親鸞聖人は、自分も含めて人間が霊の祟りや支配を畏れ逃げようとする実態を見極め、その元凶はどこにあるのか明らかにしなければ苦悩は解消しないとおっしゃっています。

元来私たちは「外物他人」によって己を満たそうとしているのです。そうした体質が限りなく霊や祟りを畏れ、諸々の神々を生み出し作り出しているのです。そしてまた、その作り出したものによって呪縛《じゅばく》されていくのが私たちの実態です。いわば私たちに内なる霊が生まれてくるわけです。そして、この内なる霊の実態が明らかにならなければ、祟りの問題は解決できません。

その唯一の解決方法は真宗の教えによってその体質が透視されること。私の体質が弥陀の本願の光によって透視されることにおいてのみ、その実態が明らかになるのです。自己の体質を明らかにするのには、自己自身の力に頼ってはできません。それは、あたかも自分の頭の上の池に飛び込んで自殺しようとする落語の噺のように…。

阿弥陀仏の本願の光明に照らし出されることによってのみ、私が外物他人によって己を満たそうとしている状況であり、だからこそ霊に振り回され祟りを畏れた生き方しかできない、そういう私であることを知らしめられるのでしょう。私たちは、真の教えとの出会いによってのみ、そうした私の生き方が透視される尊いご縁に遭わせていただけるのです。

合掌

《二〇一四・二・一・記》hp №155

# 硬膜下血腫顛末記

二〇一六（平成二十八）年三月二十五日（金）。午後一時ごろ自坊を車で出発し、名古屋市南区又兵ヱ町のご門徒宅へ。月参りの読経を済ませ守山区へ車を向けました。先ずは内環状線で桜本町一丁目へ。ここで右折して天白区野並へ。野並から鳴子北↓相生山↓神沢へと進み、名二環の鳴海ICで高速道路へON。高速道路を北進し、引山ＩＣで下り一般道へ。

名二環一般道を一㎞余北進し、大森ＩＣ南の信号で左折、西進。二つ目の信号を右折。一方通行をしばらく進み左折、西進して目的地到着。ご門徒宅で法要を終えてお茶をいただき、仏壇のお荘厳の話などしてお暇。時計の針を見ると午後三時四十分ごろでしたか、次のお宅は春日井市ですが、時間は充分。車に戻り別れを告げ発進。

一車線幅しかない名鉄瀬戸線の踏み切り。対向車を遣り過ごして渡り、瀬戸街道へ。西進して瀬戸線小幡駅前の信号を右折、守山区役所前を通り北進。小幡ＩＣ西を通り過ぎ、小幡緑地で〝ゆとりーとライン〟に合流。竜泉寺前から吉根東の交差点までは、起伏が大きくカーブの多い街道。左手西方には、製紙工場と思われる大きな工場の煙突、眼下には街並みの遠望。上下・左右に揺れながら車は進みます。

今から五十七、五十八年前、学生時代にサイクリングでここを通って森林公園へ行ったことを思い出しました。今は道幅が片側二～三車線、当時は一車線でカーブもきつく。ただ、通過する自動車の台数はほんのわずかなので、余り危険を感じなかった記憶。左側、今も川向こうにそびえる工場の煙突は、脳裏に残るイメージとピタリ一致。

吉根東の信号で左折。庄内川に架かる橋を渡り春日井市へ。JR中央線を陸橋で越え篠木町へ。篠木町の信号を右折、南城中学校前に到着。ここにお参りするご門徒のお宅があります。午後四時半ごろから月参りのお経を拝読させて戴きましたが、どうもこのころから私の体調がおかしくなっていた模様。後からお聞きしたところでは、足下がふらついていた…とか。

その後、平常通り車を運転し国道19号線へ。市の中心部を過ぎた辺りで、旧国道からバイパスへ。あとで分かったことですが、旧国道で接触トラブルを起こしていた模様。それには全く気づかず、国道３０２へ乗り入れ高架下を楠ジャンクションへ。ここで名古屋高速一号線に乗り入れたところ…、ここで事故発生。

記憶が定かでありませんが、カランカランという音を聞いてバック・ミラーを見ると、後のバンパーが…。後続車のドライバーが外れ落ちたバンパーを抱えて持ってきて下さったのです。相手に怪我もなく、高速道路のランプということもあり、取り敢えず名刺を交換。こちらの運転ミスをお詫びして現場を離れました。

再び車に戻り名古屋高速本線へ。高速一号線を南下。以後、環状線(R)を経由して高速三号線に乗り入れたことは間違いないと思いますが、全く記憶にありません。今思い出してもゾッとします。多分、名古屋高速三号線を大高ＩＣで下り、知多高速には乗らず下道で自宅へ。

名古屋高速の大高出口から、通り慣れた道を自宅に向かって走り始めたと思います。名古屋市緑区大高町から大府市共和町に入り、長草町・明成町・柊山町・江端町・月見町を経てわが東浦町に到達…。と、突然ガチャン!!　衝撃で目が覚めました。眠っていたのか、意識がなかったのか、はたまた夢の中なのか。大府市より町内に入って約五百メートルの地点。

信号交差点。目の前にはバイクと人が倒れ、その前には黒いワゴン車。いや!事故ったのか?　こりゃ大変だ。名刺入れから損害保険の担当者の名刺を取り出し架電。しかし、あとは全く記憶がありません。おそらく、その後保険屋さん・警察・救急車の方々がいらっしゃったと思いますが、私の脳裏には全く残っておりません。

後で聞いた話をつなぎ合わせてみると、以下のような顛末だったようです。家族は、事故現場で意識を失った私を、自宅まで一・五㎞ほど、何らかの方法で連れ帰ったようです。その後食事をとり、助けられながらも入浴したとのこと。しかし、手足の動き、表情、発声等々が尋常ではないということから、病院へ行かなくちゃ…。

かかりつけの病院へ問い合わせたところ担当医がいないということで、五㎞ほど離れた刈谷豊田総合病院で診察してもらうことに。救急車でなく、娘婿の車で病院へ。予診やら検査やらいろいろあった後に手術をすることになった模様。私自身は何も覚えていません。採血もあっただろうし、ＣＴスキャンやレントゲン撮影もあったでしょう。

ギーン、ギーン、ガリガリガリ…　ギーン、ギーン、ガリガリガリ…　の音で目が覚め、手術台にいる自分に気が付きました。どうも、ドリルで頭蓋骨に穴を開けている様子。額の右上、髪の生え際より少し下の位置かな？　麻酔はかかっているのかな？　不思議と痛みは全くありません。その後、また眠りについたのか、以後の記憶はありません。

目が覚めたのは翌朝。何がどうなったのか、さっぱりわかりません。気が付いてみると額からビニール・チューブが下がってきて胸元のビニール袋に繋がっています。そして、左腕には点滴のチューブが…。そうか、昨日手術を受けたんだ。身体を動かしてみる…。全身がこわばった感じ。とにかく余り身体を動かさない方がいいかな…。

明るくなってきて、院内に人の動き。しばらくすると「いかがですか?」、看護師さんの声。「痛いところありませんか?」。少しずつ身体を動かしてみる。「痛いところはありません」。しばらくすると先生が回診に。「術後の痛みはありますか?」「今のところありません」「寝たままでいいですから、右手を挙げてください、左手を挙げてください。右足を上げてください、左足を上げてください。ハイ結構です」。

手術は成功裡に終わったようで、後遺症も一切ないとのこと。病名は「硬膜下血腫《こうまくかけっしゅ》」。頭蓋骨と脳の間に血腫が出来ていたとのこと。いつごろ出血したかは不明。二、三ヶ月前か、一年前か、二、三年前かわかりません。記憶を辿っても思い当たるフシがありません。徐々に徐々にジワジワと頭蓋骨の中に出血していたということです。

CTスキャナーで撮影した画像を見せてもらいましたが、手術前の写真では、頭蓋骨の中はノッペラボウ。脳みその皺は何もありません。手術後の写真では、頭蓋骨内血腫のあった部分は脳みそが凹んでいます。血腫で圧迫されていた様子がアリアリ。他の部分の脳みそには皺。この皺が記憶を司っているのかな?

術後二、三日過ぎたころでしたか、点滴がはずされ、起き上がることも許され、徐々に日常生活を回復できる方向へ。何よりも有り難かったのは、術後の痛みが全くなかったこと。また、飲み薬・注射も一切なく、食事も最初から〝病人食〟はなく、美味しい普通食が充分食べられたことです。退院後も普通の日常生活を送ることができ、術後三カ月余を経た現在も再発の兆もなく、安堵するとともに有り難く感謝の念一入《ひとしお》です。

合掌

《二〇一六・七・三・記》hp №184

# ウォーキングの効用

根　kon

夕刻六時を挟んで三十分間、充分味わいながら夕食を戴くのが日課。晩酌はしないので時間は充分。夕食を済ませたあとはウォーキング。下は短パンに履き替え、上はTシャツを着用。ウォーキング・シューズで足下を整えて、さぁー出発だ。山門を出て…といっても、現在当山の山門は建て替え工事中、通用門を通って西へ。軽自動車が辛うじて通れる数百年前に開かれた狭い道。防衛のためか、クランクの連続。数分で緒川小学校のキャンパスへ。

校門前から南西方向へ向けて緩やかな上り坂、幅一メートルほどの歩道を歩きます。県道知多刈谷線に入って三つ目の信号「猪伏釜」に到達。この辺りが知多半島東部丘陵の〝尾根〟になりましょうか、最高地点のようです。自坊からの標高差は二十メートルほど。信号待ちしている十数台の車を尻目にここで南に折れ、バイパスを急降下。カーブした歩道を三百メートルほど進むと「於大公園西」の信号。ウォーキング・コースはこの信号で左折。

左折すると間もなく「宇宙山乾坤院《けんこんいん》」の総門の前へ。乾坤院は徳川家康ゆかりの寺。家康の生母「於大《おだい》」の方は、一五二八（享禄元）年、尾張国知多郡の豪族・水野忠政とその妻・華陽院（於富）との間に、忠政の居城・緒川城（愛知県知多郡東浦町緒川）で出生。父・水野忠政は、緒川からほど近い三河国にも所領を持っていたため、三河で勢力を振るっていた松平清康の求めに応じて妻・於富の方を離縁して清康に嫁がせました。

松平氏とさらに友好関係を深めるため、一五四一（天文十）年に於大の方を清康の跡を継いだ松平広忠に嫁がせました。一五四三（天文十二）年一月三十一日、於大の方は広忠の長男・竹千代（後の家康）を岡崎城で出産。水野忠政は天文年間、三河国妙心寺に薬師如来の銅像を奉納して竹千代の長生きを祈念したとも。なお、於大の方の出生地・東浦町は彼女を記念して緒川の地に「於大公園」を整備し、毎年「於大まつり」を催行。

乾坤院は一四七五（文明七）年創建といわれ、五百四十年余の歴史を誇る名刹ですが、二〇一六（昨平成二十八）年三月四日十四時五十分ごろ本堂から出火。木造の本堂と座禅堂を全焼し、玄関棟と山門、堅雄堂の一部を焼損。人的被害はなかったものの、町文化財五点のうち三点に被害を受けたとのこと。なお、当寺院が保有する愛知県指定有形文化財は名古屋市博物館に預けてあったため、被害を免れたと報じられています。

因みにこの出火時、私は自坊の書斎で原稿を執筆していました。三月四日の午後三時ごろでしたか、消防詰め所のサイレンがけたたましく吹鳴。寺務所三階の書斎の窓（当山境内地は河岸段丘上に立地しているため、段丘下の街の五階に相当）から東・南・北方向を見渡しても炎は疎か煙も見えません。ボヤ程度で鎮火したのか、あるいは西方の丘陵の背後の出火か。その後、眼下を通る消防車もないため、再び机に戻って原稿執筆を続行。

夕刻、名古屋在住の大学時代の友人から電話。「テレビニュースで視たが、君んとこの近くの何とかいうお寺から火が出て焼けたなあ、君んとこは大丈夫か?」「エッ、ホント?」早速テレビを点けてみましたが、ニュースの時刻以外では報道されるはずがありません。定時になってローカルニュースに火災画面。とはいっても、見慣れた大本堂の姿は焼け落ちて見当たりません。チャンネルを替えてみると、どの局でも大きく取り上げていました。

火災後二、三日して、ウォーキングの折りに現場に立ち寄ってみました。後片付けが終わった火災現場は、きな臭さは残っていたものの、静かな佇まいを見せていました。あれから一年余、今現場では復興作業がさぞかし進んでいるだろうな…と目の届かない復興現場に思いを

馳せながら、総門前を通り過ぎました。寺域の周りを大樹で囲まれた乾坤院、寺域周辺の道に歩を進めても、火災の痕跡は全く目に留まりません。

昔から「やーまのなーかの　けんこんいん」と唄われた乾坤院。私の子ども時代も人里離れた山の中でしたが、今では門前に信号機が設置され車がひっきりなし。ウォーキング・コースは、その県道バイパスの歩道を東へ向けて歩を進めます。この付近のバイパス、以前は田んぼの中。今では内科・外科・歯科・薬局と医療関係が軒を連ね、最近新たに広い駐車場を備えたコンビニがオープン。七百メートルほど進むと「東浦役場前」の信号。ここで旧道と合流。道幅は広くなり、町役場を背後にしてなだらかな下り坂の一直線。ファミレスやファーストフード店、コンビニや麺類食堂はいうに及ばず、電器店・金物店・理髪店が道の両側に立ち並んでいます。そんな繁華な中に複数の学習塾も。三百メートルほど進むと旧国道３６６の「東浦役場東」の交差点。以前この交差点の南西角にも医療機関がありましたが二〜三年前に閉鎖。千㎡もあろうかと思われる空き地、今や草っ原。この交差点の東側、南・北両角にもファミレス。平日はそれほどでもありませんが、土・日は駐車場が満杯。ご繁昌で結構なこと。

ここからは道幅がグンと広がって車道は四車線。六百メートル先の国道３６６バイパス「東栄町」交差点まで刈谷方面へ向かって一直線。私のウォーキング・コースは、この

「東栄町」で左折、イオンモール東浦前の国道366バイパスを北進。五百メートルほど歩くと「北新田」の信号。ここで左折してイオンの「エンジョイライフ館」前を経てJR武豊線の「緒川駅」へ。緒川駅からは旧郷中を通って自坊へ。通夜などの法務や悪天候の日を除いては、ほぼ毎日このコースをウォーキング。

以上が私のウォーキング・コース。歩行距離は全長五キロメートル、所用時間は約五十分。時速六㎞。かなり速い速度。三十年ほど前に受けた医師の指導を真面目に守っているため。当時の医師の指導では、糖尿病は完治しません、薬もさることながら運動をして進行を止めなさい、ということでした。ウォーキングが効果的だが、〝犬の散歩〟はダメ、〝速歩〟で歩きなさいとのご指導。私はこのご指導を忠実に守って、血糖値の悪化を辛うじてキープ。ウォーキングの効用でしょうか。

合掌

《二〇一七・九・一・記》hp №198

# 伍の章

# 世のこともまた尊し

―ボランティア活動のご縁―

## 大乗菩薩道《だいじょうぼさつどう》

去る七月二十九日付けの『中日新聞』夕刊に、「文化」に関わる内容の〝読み物〟が六編載っていました。全十四ページ建ての紙面に六編とは驚きです。もちろん記事の内容面では相互に関連はありませんが、私の独断と偏見で「文化」的な内容という面で共通しているなと思って取り上げてみました。記事は、いわゆる「文化」欄に載っているものもあれば、「社会」面所載もあり、「旅」のページや「人物」コーナーで取り上げられているケースもあり、といった塩梅。

因みに、記事のタイトルと見出しを列挙してみますと、以下の通り。①「〝黄金文化〟復興の光に」というメイン・タイトルで、世界文化遺産に登録されたみちのく岩手県の「平泉」への「旅」を紹介する記事。②「『世界の神髄を視るために』いま「時代小説」を書く理由」と題して、作家・辻井南青紀氏が「文化」欄に執筆した随想。中見出しは「過去に肉薄、切り結ぶ」。③連載「熊野　魂のゆりかご」12の「『高木顕明が見据えた未来』平和、平等　訴え続け…」。高木顕明《けんみょう》師は、和歌山県新宮市の真宗大谷派浄泉寺の住職。

被差別部落の人々や貧困にあえぐ人々を救い平等社会の実現に献身。
④「あの人に迫る」欄では言語学者・金田一秀穂氏が登場。金田一秀穂氏は言語学一家の第三世。タイトルは「言葉がなかった十五万年間に関心」。秀穂氏は言葉のない世界で、言葉が生まれたことによって何が変わったのか見てみたいとのこと。それには仏教が一番近いとも。釈迦とか禅とか…。⑤「社会」面で取り上げられた記事のメイン・タイトルは「炭鉱画刷新し復刊」。サブタイトルは「山本作兵衛の作品」「記憶遺産登録受け新装版」。福岡・筑豊出身の絵師山本作兵衛の炭鉱画がユネスコの記憶遺産に登録されたことを受け、講談社が画文集を新装版で復刊。
⑥三ページの「総合」面には、思わず「オーッ」と声を上げる記事がありました。「中部発」のロゴと「千畝の心 宿る八点」「『命のビザ』複製展示」の見出し。第二次大戦中、故杉原千畝駐リトアニア領事代理が、ユダヤ人難民に発給した「命のビザ」の複製などを展示する特別展が、福井県敦賀市金ヶ崎町の「人道の港　敦賀ムゼウム」で開かれている、との囲み記事。
以上「文化」に関わる内容の〝読み物〟六編を同一日付の夕刊紙からピック・アップしましたが、最後の「千畝の心…」の記事は、ボリュームはそれほど大きくありませんでしたが、私の目を惹きつけました。特別展は九月四日まで開催されているとのことですので、

一度訪れてみたいと思っています。といいますのは、一昨年の夏にリトアニアはカウナスの杉原記念館を訪れたことを思い出し、「命のビザ」に残された千畝氏のペンの跡に再会してみたいと思ったからです。

そう、私が会長を務めるアジア文化交流センターは二〇〇九年八月、研修旅行でリトアニアを訪れました。この旅行は「ヨーロッパに〝アジア〟を訪ねる旅」シリーズのPart Ⅳとして企画。ツアー名は「杉原千畝《ちうね》氏『六千人の命のビザ』ゆかりの地を訪ねて」。八月二十四日、私たちを乗せたチャーター・バスは首都ビリニュスからリトアニア第二の都市カウナスに入ります。バスは住宅街にある杉原記念館に到着。

杉原記念館はごく普通の一戸建ての住宅。気を付けていないと通り過ぎてしまいます。軒下の右端の外壁に書かれた住宅番号「30」と、同じく左端に掲げられた「杉原記念館・入り口」の小さな看板、そして門柱に掲げられた「希望の門　命のヴィザ」の切り抜き文字があるステンレス看板がポイント。聞くところによればこの住宅、かつては文部大臣の邸宅だったとか。記念館の入り口は、正面玄関ではなく、向かって左側の緩やかな坂を下ったところにありました。

入館するとすぐにビデオが上映されました。冒頭画面に「葦のようにしなやかに」が映し出され、続いて「木のように堅くなるな」のフレーズが画面に浮かび上がります。ナ

レーションは「これはイスラエルのことわざの一節である。日本のことわざで言えば『柔よく剛を制す』である。それはまさに杉原千畝の生き方そのものであった」と解説していました。そしてその後に「正義の人　杉原千畝」のメイン・タイトル。

続いてカウナスで暮らす千畝氏家族の平和な姿、今から六十年以上前の様子が映写されました。子どもさんの無邪気な振る舞いから公務に至るまで、おそらく十六㎜フィルムでしょうが動画で収録されていました。もちろんモノクロームでしたが、あの年代でホーム・ムービーを撮ることと自体なかなかできないことですし、〝敗残兵〟のような形でロシア経由の帰国という苛酷な状況の中、よくもフィルムを持ち帰れたものだと感心せざるを得ません。

さて、ビデオ画面は進み一九四〇（昭和十五）年七月十八日早朝、ユダヤ人がビザ発給を求めて、領事館のフェンス越しに手にした書類を振りかざす場面へ。続いて本国政府の訓令に反してビザを発給すべきか否か、心の葛藤に悩む杉原夫妻。ご令閨の「保身よりも人命救助を」の言葉を受けて発給を決断。そして、他の国へ逃れるため日本通過のビザ発給を求めて押し寄せたオランダ国籍のユダヤ人に、ビザ発行の作業が始まりました。

杉原領事代理は毎日まいにちビザを書き続け、スタンプを押し続けました。画面には、手書きのペンがクローズ・アップされ、スピーカーからは紙の上を走るペンの音がザッザッザッと聞こえてきます。そして、バック・グラウンドには「ユダヤ人のためにビザを発行しようと、一旦決心した杉原千畝の心にはもう迷いの陰はなかった。毎日まいにち領事館に押し寄せるユダヤ人に日本の通過ビザを発行し続けた。そしてビザを渡す時に、ユダヤ人一人ひとりに『バンザイ　ニッポン』と言わせたのである。彼らの自分への感謝が祖国日本への感謝に繋がってくれることを杉原千畝は期待したのである」とのナレーション。

さらに、「来る日も来る日も、彼はビザを書き続ける。十日経っても二十日経っても、領事館にやってくるユダヤ人の数は減らなかった。杉原千畝はこうしたビザを千六百、大人のビザしか発行しなかった。子どもは大人が連れて行けばよいと考えていたからである。こうして日本に渡り、無事に救われたユダヤ人の数は六千人にのぼった」と、ナレーションは続きました。リトアニアがソ連に併合されたため領事館を閉鎖し撤退せざるを得なくなりましたが、九月五日次の任地ベルリンへ出発する直前の列車の中でもビザを書き続けたといわれます。

その後案内された展示室には、記録写真や貴重な資料・書籍等が展示されていました。遺影や遺品、日本に帰り着くまでの地図等々も展示されていました。特に印象に残ったのはタイプライターと杉原千畝領事代理の執務室。タイプライターは黒色のどっしりしたタイプ。今のパソコンや少し前のワープロと違って重量感があり懐かしいフォルム。今にもタイピングの音が聞こえてくるようです。執務室は意外と狭く、質素。五メートル×四メートルほどでしょうか。壁には日章旗が掲げられ、その前には幅二メートルほどの机がどっしりと存在感豊かに設えられていました。この机の上で杉原領事代理が六千人の命を救ったビザを書いたと思うと感慨一入。

ところで杉原千畝氏の生い立ちといえば、一九〇〇年一月一日父好水氏と母やつさんの次男として岐阜県の八百津町で出生。そのご縁で、八百津町には「人道の丘公園」が創設され、同園内に「杉原記念館」があります。千畝生誕百周年を記念して建設され、二〇〇〇年七月三十日オープン。アジア文化交流センターも、バルト三国の研修旅行の事前研修を兼ねて、二〇〇九年六月に八百津の杉原記念館を訪れて学習しました。

八百津町で幼・少年時代を過ごし、その後税務署員である父親の仕事の関係で名古屋市へ移住。一九一二年名古屋市立古渡尋常小学校を「全甲」の最優秀成績で卒業。そして愛知県立第五中学校（現・瑞陵高等学校）に進学。私たち愛知県人とは非常にご縁が深い。一九一七年同校を卒業後、朝鮮総督府財政部に出向中の父の希望で京城医学専門学校を受験するが白紙答案を出してわざと不合格に。

一九一八年早稲田大学高等師範部英語科に入学したものの、翌年外務省留学生試験に合格して大学を中退。外務省ロシア語留学生としてハルピンに留学。一九二四年には外務省書記生として採用されました。同年二月には満州里在勤を命じられ、陸軍歩兵少尉に任官されています。同じく十二月にはハルピン在勤を命じられており、この年千畝氏の外交官生活がスタートしています。偉大な外交官の淵源はここにあったのです。

帰りしな、記念館前で二本の門柱を取り囲んで記念撮影。門柱には前述のように切り抜き文字が施されたステンレス板が取り付けられていました。向かって左の門柱には「希望の門　命のヴィザ」の文字が明朝体で著されています。向かって右側の門柱には、「VILTIES VARTAI VIZOS GYVENIMUI」と記されていました。これはおそらくリトアニア語による標記でしょう。

杉原氏の世界的・人道的な功績は、終戦時の〝ドサクサ〟ということもあってか、余り人口に膾炙しておりません。本国の訓令に反して、ナチス・ドイツに追われたユダヤ人にビザを発給した杉原千畝氏の勇気が六千人の命を救ったのです。これほど偉大な人道的快挙は世界の歴史の中でも比類のないことでしょう。仏教的見地からすれば、まさに「大乗菩薩道」の実践に他ならないと思います。

合掌

《二〇一一・八・二・記》hp No.125

# 青色青光《しょうしきしょうこう》

私は、名古屋市昭和区にあります社会福祉法人「愛知育児院」の理事長職をお預かりしております。去る八月二十二日開催の理事会で再選され引き続き理事長職を勤めさせていただくことになりました。二〇〇五（平成十七）年八月二十二日の初任から三期六年間の任期を満了して第四期七年目に入ったわけです。

愛知育児院の歴史は古く、その淵源を訪ねると今から百二十年余前の一八八六（明治十九）年に遡ります。この年は日本で初めて内閣管制が制定され、伊藤博文初代総理大臣が就任した翌年。帝国憲法発布や東海道線開通より三年前、「鹿鳴館舞踏会」華やかなりしころ。

そんな時代に、恵まれない子どもたちのために福祉施設設立を発願し、「私」を捨てて献身し偉業を成就された森井清八氏には、ただただ頭が下がる思い、脱帽の他ありません。爾来、森井氏の福祉にかける願いを受けた奉仕精神の伝統が、連綿と受け継ぎ伝えられてきました。いま本院に身を置く私たちも、それを間違いなく受け継ぎ、次の世代へ、新しい時代へと伝えていかなければならないと思うや切であります。

ところで「伝統」とは何なのでしょう。古くから伝えられてきたことを単に前世代から受け継ぎ、そのまま次世代へ伝えることではないと私は思います。前世代から受け継いだものを受け取り直して、言い換えれば受け継いだものにその時代の息吹を込めて次の世代へ伝えていくことが真の伝統であると思います。

そうした意味でわが愛知育児院の百二十年を超える歴史を検証してみますと、ズバリその通り。いわゆる「孤児院」として創設された愛知育児院は、明治・大正期は身よりのない子、恵まれない子たちを育成し、昭和期では太平洋戦争が生み出した不幸な子どもたちの拠となりました。

一九九六（昭和四十四）年には、児童養護施設に加えて保育所・南山ルンビニー保育園を設置。地域社会の保育事業の一端を担うことになりました。そして一九九九（平成十一）年四月には、時代の要請を受けて特別養護老人ホーム南山の郷、ケアハウス南山の郷を開設。さらに翌年四月には居宅介護支援事業所を立ち上げました。

こうした歴史は、まさに「時機相応」の事業展開のもと、発展を続けてきた本院の足跡を物語っていると思います。時代々々の要請に応え、自らも変革しつつ、先人の遺業を礎として新たなる出発を積み重ねてきた姿といえましょう。

　そうした中、社会福祉事業に対する時代社会のニーズが刻々変化して来ております。本院もそうした変容する要請に応えて、この度高齢者のための三事業を展開することになり、理事会・評議員会の審議を経て、「認知症対応型共同生活介護」「小規模多機能型居宅介護」「適合高齢者住宅」のための施設を新設することになりました。

　一年余に亘り計画を検討し所轄庁とも折衝を重ね、ようやく去る八月二十六日三事業のための統合建物の起工式を執り行う運びとなりました。設計監理は（株）錦建築設計にお願いし、施工は六社による一般競争入札の結果、（株）服部工務店が落札し工事を請け負っていただきました。起工式は、本院の設立基本理念に基づいて仏式（真宗大谷派：東本願寺）で執行しました。式次第・式の進行状況については愛知育児院のホーム・ページをご覧ください。

　かくして、愛知育児院の歴史の中に新しい一ページが書き加えられようとしています。まさに「時機相応」の事業展開のもと、発展を続けてきた本院の足跡の一つとして後世に伝えられることでしょう。時代のニーズに応え、自らも変革しつつ、先人の遺業を礎として新たなる出発を積み重ねてきた姿といえましょう。

愛知育児院の伝統は、時の流れが変転するなか受け取り直されて、新たな息吹を得て次の世代にバトンタッチされてきたのです。「伝統」本来の意義が、ここ愛知育児院で具現化されていると言っても過言ではありますまい。

一方、愛知育児院の歴史・百二十年を終始一貫する不易なものがあります。それは何かといえば「基本理念」。愛知育児院創立の基本理念は、仏教精神に基づく「仏教福祉」です。そしてそのキーワードは「いのちの輝き」。「いのちの輝き」の内包する意味は実に深遠広大ですが、その意味するところを仏典に尋ねますと、次の聖句からその一端を学ばせていただけるのではないかと思います。

青色《しょうしき》青光《しょうこう》
黄色《おうしき》黄光《おうこう》
赤色《しゃくしき》赤光《しゃっこう》
白色《びゃくしき》白光《びゃっこう》

これは『佛説阿彌陀經《ぶっせつあみだきょう》』の一節ですが、「青色は青い光を放ち、黄色は黄色の光を出し、赤色は赤く輝き、白色は白く光る」といった意味。それぞれが、それぞれ。それぞれのいのちが、それぞれに輝いているということです。青色（の人）は黄色（の人）の存在を認め、黄色（の人）は青色（の人）の青い光を尊重する。赤色（の人）は、白色（の人）に赤い光を出すように強要したり、白色（の人）が赤い光の存在をネグレクトしたりしてはいけない…とお教えいただくのです。

こうしたことは、近くは家庭内から近隣社会、国家に至るまで人と人の間、すなわち「人間」集団のなかで欠くべからざるものです。もちろんわが愛知育児院のあらゆる事業活動においても強く求められる基本理念です。利用者へのサービス提供の場合はもちろん、職員と職員の間、あるいは入所者集団の調整場面等においても忘れてはならないテーマです。互いに違いを認め合い、尊重し合って、思いやりの精神を基調とした業務を推進し、本法人の特色を発揮していきたいものです。

合掌

《二〇一一・九・二・記》hp №126

# 山陰・山陽の窯元を訪ねて

アジア文化交流センターでは、毎年一回研修旅行を企画実施しております。同センターの前身は「ボロブドゥール修復支援会」。インドネシア・ジャワ島の仏教遺跡ボロブドゥールも修復事業が円成し、支援活動の使命を終えたことから、同会を発展的に解消して「アジア文化交流センター」に衣替えすることに。

以後、アジア文化交流センターでは、アジア地域との文化交流・親善交流の活動を展開。現地のマスコミにもたびたび大きく取り上げられました。ここ数年は、「ヨーロッパに〝アジア〟を訪ねる」をテーマとして交流・研修の旅を企画実施して参りました。

ところが、二〇一一（平成二十三）年度には東日本大震災及び福島第一原子力発電所の事故が発生。このことを受けて海外研修を自粛、国内研修に切り替えました。十月二十四日から二十六日までの二泊三日の旅程で、山陰・山陽の窯元を訪ねるとともに、特別史跡や文化遺産を見学し研修しました。以下、その概要を記すこととします。

●閑谷《しずたに》学校

十月二十四日、ＪＲ岡山駅から貸し切りバスで最初に訪れたのは岡山県備前市にある閑谷学校。愛知県人には余り知られていないかと思いますが、私は教育委員を勤めていたころに訪れて初めて知りました。江戸時代前期に岡山藩主池田光政によって開設された日本最古の庶民学校。建築に三十二年の月日を費やした木造建築群は、他に例を見ない手間暇かけた質とスケールを誇っています。地方の指導者を育成するために武士のみならず庶民の子弟も教育しました。また、広く門戸を開き他藩の子弟も学ぶことができたとのこと。三百三十年余りの歴史を持つ講堂は国宝。他の建造物も重要文化財に指定されており、校地は特別史跡。

●小泉八雲記念館

岡山県美作市にある食事処「西の屋」で昼食をすませてバスに揺られること二時間余り、島根県は松江市にある小泉記念館に到着。記念館は角地に築地塀を巡らした広い敷地に建てられた和風建築。小泉八雲（ラフカディオ・ハーン）はアイルランド人の父とギリシャ人の母との間に生まれましたが、複雑な家庭事情もあって十九歳で単身アメリカへ。赤貧の生活を経て、ジャーナリストとして活躍し三十九歳の時特派員として来日。その後、島根尋常中学校及び師範学校の英語教師となりました。四十五歳の時セツと結婚し日本に帰化。館内には彼の遺品が沢山展示されていました。直筆原稿や書簡、遺品や著作図書等々。

●楽山焼窯元「楽山窯」

十月二十五日朝、宿泊ホテル玉造温泉の「華翠苑皆美」から松江市街地を抜け、松江城天守閣を車窓から眺めてバスで走ること三十分、楽山焼の窯元「楽山窯」に到着。バスを降りてから道順が分からず右往左往していると、楽山窯の方が迎えにいらっしゃいました。案内された小高い丘の上にある数寄屋風の展示場兼即売場にはすばらしい作品が並んでいました。さすが松江藩のご用窯、品格も高くお値段も高い？ことでしょうが、値札がついていないので、手も足も出ないといったところでしょうか。十一代長岡住右衛門空権陶主が自らご説明いただき恐縮。その後窯場を見学して記念撮影。

●石見《いわみ》銀山遺跡

松江城を後にしてバスは国道9号線をひた走り、島根県大田市の世界文化遺産「石見銀山遺跡」に到着」。腹ごしらえをして全行程徒歩四・六kmコースに挑戦。先ずは「下河原吹屋（製錬所）跡」を見学。空はどんより曇っていますが雨は落ちてきません。暑くも無く寒くも無く、つま先上がりの道をただひたすら歩き続けます。三十分ほど歩いたころでしょうか道ばたに「新切間歩」の石碑。「間歩《まぶ》」とは坑道のこと。我々が目指すのは「龍源寺間歩」。二十分ほど歩いて到着。間歩入り口で記念撮影。坑道に入ってみると意外に広い。しかししばらく進むと狭くなり、天井も低く頭を下げなければなりません。いずれにしてもこうしたところで鉱石を掘り続けた先人達の苦労が忍ばれ、頭が下がる思い。

●萩焼窯元

旅の最終日は萩・津和野の旅。ＪＲ山陰本線東萩駅近くの宿「常茂恵」を後にして、まずは萩焼窯元・野坂江月窯へ。玉江駅近くの無人踏切を渡ったところに名門・野坂江月窯はありました。植え込みの中に建つ「江月窯」と記した自然木の立て看板が素朴な雰囲気を呈しています。高麗茶碗の伝統的な技法で、力強い造形と質感が特徴の「伊羅保」は野坂氏が確立したものとか。「伊羅保の野坂」と称されるほどにその技は素晴らしいようです。登り窯の窯場を見学した後作品展示売店へという定番コース。お値打ちに買い物ができたメンバーもいたとか。

●松下村塾《しょうかそんじゅく》

バスは萩市の中心部を通り抜け二十分ほどで吉田松陰を祀る「松陰神社」に到着。吉田松陰は一八三〇（天保元）年に長州藩士杉百合之助の次男としてこの地で誕生。六歳の時に叔父で山鹿流兵学師範である吉田大助の養子となり、叔父の玉木文之進が開いた松下村塾で指導を受けました。後に松陰自身もこの塾で講義をし、身分や階級にとらわれない教育を行ったとのこと。境内にはその「松下村塾」がありました。塾は木造瓦葺き平屋建ての小舎で、当初からあった八畳の一室と、後に杉家の母屋を増築した十畳半の部分からなっていました。高杉晋作、伊藤博文等明治維新の原動力となった逸材を輩出しました。にも拘わらず、晋作先生が幽囚の身となった部屋も。

●森鴎外旧宅

バスは萩市から「山陰の小京都」津和野町へ。先ずは明治の文豪・森鴎外が幼少期を過ごした旧宅を見学。森鴎外は一九六二（文久二）年一月一九日に津和野町町田で誕生。一八八一（明治十四）年東京帝国大学医学部を卒業し軍医の道へ。一八八四（明治十七）年〜

一八八八（明治二十一）年ドイツへ留学。帰国後、医学界・文学界の改新のために発言。『即興詩人』の翻訳は鴎外の名声を高めました。日清・日露両戦争に従軍。一方、一九〇九（明治四十二）年に雑誌『スバル』を創刊し創作活動を活発にしました。その後、幾多の作品を世に出し明治文壇に確固たる地位を築きました。旧宅は静かな住宅街の一角に瀟洒な佇まいを見せていました。建物の周囲を一巡して開放された室内を拝見、往時の文豪の暮らし向きを垣間見ることができました。

●津和野殿町

直近の「道の駅・鴎外村ふる里」で昼食を済ませて殿町通り散策へ。津和野は明治維新前には津和野藩亀井氏の城下町であり、山間の小さな盆地に広がる町こぢんまりした町。その中心部にある殿町通りは長さ約一㎞。なまこ壁と町家、立派な門構えの武家屋敷がモノクロ・トーンの街並みを描き出しています。そして、その下のお堀には清水が流れ、堀の中にはゆったりと泳ぐ錦鯉や真鯉。街路樹の銀杏も色づいて青空に映え、散策にはもってこいの街並み。津和野大橋の近くには鷺舞のモニュメントもありました。

合掌

《二〇一一・一二・二・記》hp №129

# 国際文化交流

「アジア文化交流センター」は名古屋を中心に活動している任意団体。その会長職を私が勤めさせていただいておりましたが、昨年末をもって辞任させていただきました。前任の会長・宇治谷祐顕先生亡きあとを受けて、不肖私が会長職をお預かりすることになったのです。先生が還浄されたのは一九九九（平成十一）年九月七日。月日の経つのは速いもので、あっという間に十二年間が過ぎ去りました。

宇治谷祐顕前会長の学術面での功績の偉大さはいうまでもありませんが、それを礎として展開された国際文化交流活動は大変ユニーク。その残された数々の業績は絶大でありますが、その最たるものがインドネシアはジャワ島の仏教遺跡・ボロブドゥールの修復支援活動でしょう。

思い返せば今から三十六年前、初めてボロブドゥールの実地調査に赴いたのが発端でした。石組みが崩れ、首のない仏像が今にも倒れそうになっている姿を見て先生はじめ団員一同胸が痛みました。仏教徒として、この大乗仏教遺跡の崩壊を見過ごすわけにはいかないと、団員一同固い決意のもと、帰国後ただちに「ボロブゥドール修復支援会」を結成し草の根の募金活動を開始しました。

募金活動は時には困難に直面しましたが、矢継ぎ早に企画を打ち出し募財活動のキャンペーンを展開。B707を四機チャーターしての寄付金付き現地踏査ツアーを企画実施し、ついに目標額を達成。そして一九七九（昭和五十四）年七月十四日、ボロブドゥール演壇上で、ボロブドゥール修復公団のスビヤントロ氏に三万五千ドル（当時のレートで約二千万円）の寄贈目録を手渡すことができました。鐘形スツゥーパを背景にして感動の面持ちの先生の笑顔が今でも私の脳裏を離れません。

それにもまして感動的だったのは、ボロブドゥール修復完工記念祝賀式典に招待されて先生が参列されたことでしょう。私にも同行のお声がかかりましたが、法務の関係でご一緒できませんでした。一九八三（昭和五十八）年二月二十三日ボロブドゥール修復完工記念式典が営まれました。日本から招請されて出席したのはわずか五名。しかも他の四名は経済界の重鎮や国家レベルの要職者。そうした中での先生のお喜びや感動は一入だったでしょう。

修復完了にともない、ボロブドゥール修復支援会はその役目を終え、発展的に解消して「アジア文化交流センター」に衣替え。もちろん会長は宇治谷祐顕先生。以後、インドネシアはもちろん、中国・インド・ベトナム・タイ・ミャンマー等々、アジア諸地域の文化遺産を訪ねる旅を次々と企画し、現地踏査をするとともに交流活動を展開しました。

数次に及ぶ中国各地の文化遺産・仏教史跡踏査、インド・タイ・韓国の仏教寺院や仏跡参拝・交流、ベトナムでは戦後復興未だの中、仏跡を訪ねて南から北へ縦断踏査・参拝等々、枚挙にいとまがありません。

そうした中で最大の交流イヴェントを展開したのは、インドネシアの首都・ジャカルタのジャカルタ芸術劇場で一九九五（平成七）年八月二十三日に開催した「インドネシア独立五十周年祝賀・日本の音と舞」演奏会。演奏会に先立ち客席両脇のロビーで開かれたティー・セレモニーによる交歓レセプションでは、来臨されたインドネシア政府高官や渡辺泰造駐インドネシア大使もご満悦でした。

演奏会では、雅楽・箏曲・詩吟などの日本音楽に加えて、ガムラン・ジェゴッグ等ご当地音楽も演奏され大喝采を浴びました。宇治谷会長にとっても生涯最大の交流イヴェントだったでしょう。

私が会長をお引き受けしてからも、中国・ベトナム・カンボジア等アジア各地の文化遺産を訪ねるとともに、異文化交流も企画・実施しました。その足跡を列挙すれば次のとおりです。

＊二〇〇〇（平成十二）年
中国仏教史跡踏査の旅　─天台山・普陀山─
＊二〇〇一（平成十三）年
ホーチーミンシティとカンボジアのアンコール遺跡踏査研修
＊二〇〇二（平成十四）年
九寨溝と黄龍、大足石刻群の踏査・研修
＊二〇〇三（平成十五）年
（インフルエンザの世界的大流行で中止）
＊二〇〇四（平成十六）年
麗江・大理・昆明の少数民族との出会いを求めて
＊二〇〇五（平成十七）年
シャングリラ・中甸を訪ねて

翌年からは視点を変えて「ヨーロッパに〝アジア〟を訪ねる旅」のテーマのもと、ヨーロッパの国々を訪れて実地研修を行うことになりました。調べてみるとヨーロッパに影響を与えたアジア文化・日本文化・日本人が意外と多く、その実績を訪ねて現地踏査をする旅は大変有意義でした。

＊二〇〇六（平成十八）年（その一）
　クーデンホーフ・光子ゆかりの地を巡って
＊二〇〇七（平成十九）年（その二）
　ドレスデンで古伊万里と出会い、ポツダムを訪れて日本との接点を学ぶ
＊二〇〇八（平成二十）年（その三）
　パリの中心地で日本の古民家と出会い、ベルギー・オランダの文化遺産を訪ねて
＊二〇〇九（平成二十一）年（その四）
　杉原千畝氏「六〇〇〇人の命のビザ」ゆかりのバルト三国とサンクト・ペテルブルグを訪ねて
＊二〇一〇（平成二十二）年（その五）
　修交百五十周年を迎えるポルトガルで「天正少年使節団」縁の地を訪ねて

列挙した実績のなか、強烈な印象が残照となって今もって私の脳裏に焼き付いている

ケースがあります。二〇〇六（平成十八）年八月に実施した「クーデンホーフ・光子ゆかりの地を巡って」の実地踏査もその一つ。修復途中の光子の婚家のロンスベルグ城を見学した時、胸にジーンとくるものを感じました。荒れ狂う歴史の波に翻弄されながらも健気に生き抜いた彼女の生き様を学ぶことができ感動しました。お城再建に尽力されているドイツ在住のシュミット・村木眞寿美さんにもお会いでき、スピーチもいただきました。

また、二〇〇九（平成二十一）年八月に実施した「杉原千畝氏『六〇〇〇人の命のビザ』ゆかりのバルト三国を訪ねて」では、今まで知らなかったことを知らしめていただいた大変有意義な研修・踏査の旅でした。リトアニアはカウナスにある杉原記念館（旧領事館）は一般的な戸建て住宅。ここでビザを求めて殺到するユダヤ人に、本国の訓令に反して人道的立場でビザを発給し続けた杉原千畝領事代理。

その杉原氏の美談行為はつい最近まで陽の目を見ずに葬られていました。ちょうど私たちが訪れたころからTV番組でも取り上げられるようになりました。記念館の展示を目の当たりにしてジーンとくるものを感じたのは私ひとりではありますまい。立場が違えば人道的行為も葬られるのだと痛切に感じました。アジア文化交流センターのご縁で訪れた世界各地で得た感動・学びは数え上げれば切りがありません。会員及び関係各位には大変お世話になり恐縮の至りです。

同一に念仏して
別の道なきがゆえに
遠く通ずるに
それ四海の内みな兄弟とするなり
—曇鸞大師の『浄土論註』より—

合掌
《二〇一二・四・三・記》hp No.133

# ライオニズムと仏教

今から十年ほど前、知人からライオンズクラブに入らないか、と誘いを受けました。「いや、私にはそんな資格もないし、お金もありません」と断り続けました。当時の情報としては、ライオンズクラブのメンバーは人品卑しからず、しかもお金持ちというのが一般常識であったと思います。ライオンズクラブでは、ウン十万円の年会費を納め、高級ホテルで例会を開き、高級クラブでお酒を飲み、ゴルフに興じるお金持ち集団…といったイメージを抱いていたのは私だけではありますまい。

したがって、お誘いを受けても遠いところの話だと決め込んでいました。ところが、よくよく聞いてみますと、現在活動中のライオンズクラブが新しい方式のライオンズクラブを生み出そうとしている、そのメンバーになって欲しいとのお誘いだったのです。勧誘の話を再々聞いてその目指す方向が徐々に分かってきました。

その新しい方式とは、現役を退いた〝シニア世代〟のメンバー構成で新しいクラブを立ち上げるのだそうです。したがって、会費も〝お値打ち〟とのこと。あ、そうか、シルバー世代によるライオンズクラブ活動か、なるほどと納得。確かに長寿社会となり、定年退職後も健康で時間に余裕がある人材が多いことは事実。

高額の寄付金を集めて市町の公共施設にモニュメントを寄進するというのが従来のライオンズクラブの典型的奉仕方式。それに対して、シニア・ライオンズクラブはお金でなく、「身体で奉仕」がメイン・テーマとのこと。また、〝シニア〟の名のごとく会員の資格年齢が男性六十歳以上、女性は五十歳以上ということで、リタイア世代。したがって、年会費も年金生活で賄える金額に設定。

そうした説明・説得を受けて私も入会することにしました。知多半島北部の三市一町それぞれのライオンズクラブの会員が地元でシニアの会員を募集。強力な募集活動の結果、合計三十一名の新入会員を得て「知多シニア・ライオンズクラブ」が発足することになりました。二〇〇二年十二月八日「認証状伝達式」を挙行して正式スタート。

スポンサー・ライオンズクラブは、東海ＬＣ・知多ＬＣ・大府ＬＣ・東浦ＬＣの四クラブ。これら知多半島内のライオンズクラブのエリアは行政区域と一致していますが、知多シニア・ライオンズクラブのエリアは上記三市一町にまたがっています。しかし、既存のクラブのメンバーが六十歳以上になっても知多シニア・ライオンズクラブに転籍することはできないことになっています。

いよいよ我が知多シニア・ライオンズクラブ、出発・進行となりましたが、メンバーは初心者ばかり。手探りで日常活動を進め、親ライオンの指導を受けて奉仕活動を展開。幸い、各方面で長年にわたって活躍し、知識・技能豊かな人材が数多。国家公務員・地方公務員・医師・教員・会社経営・商社マン・農業団体幹部・僧職・商店主 etc. の元職・現職。

そうした人材を生かして、「げんきに　楽しく　奉仕は汗で」のテーマのもと、今まで取り組んできた奉仕活動（アクティヴィティ）を以下に記してみましょう。まずは各市町の「産業まつり」「福祉まつり」「秋まつり」「福祉バザー」等への出店活動。菓子製造店経営のメンバーが業務用餅つき機を会場に持ち込んで菓子作りを実演して即売。セイロで蒸した餅米を石臼に入れ杵で搗く餅つきを披露。

今は石臼や杵を保有する一般家庭は殆どないでしょう。ましてや家庭内でこうした餅つき風景は見られません。若い世代にとっては未知の風景。飛び入り参加で杵を振り上げた若者も、〝手返し〟とのタイミングがなかなか合わずリズムに乗れません。見ている方がハラハラ。

いずれの会場も数千人の来場者で賑わい、仮設テントに出店した数十店舗の前はいずれも大勢の人だかり。メンバーはつきたての餅で餡を包んだり、逆に餅に餡をまぶしたりしてできあがった〝商品〟を店頭へ。十個入りのパックが積み上げられ、売れ行き上々。単価は安いものの、数量が多かったため売上高は相当額あり、益金の中から毎回十万円を福祉施設や市町に寄付。

一方、我が知多シニア・ライオンズクラブがここ数年間に亘り実施している労力奉仕活動があります。それは休耕農地を活用しての農耕栽培活動。農協関係のメンバーの指導よろしきを得て、先ずは休耕地の開墾。そして、さつま芋やジャガイモ、玉葱などを植え付け。収穫時には、近隣の幼稚園や保育園の園児を招待して芋掘り体験。掘り採った芋はそれぞれ「お持ち帰り」。

二〇一二年度は当クラブ創立十周年ということで、活動の規模を拡大して「いも掘り体験アクティヴィティ」を企画・実施。十月下旬の一週間に二九七九名の参加者を得て大盛況。招待の中心は三市一町の幼稚園児・保育園児で施設数は八十五。近隣の特養関係者など、一般の参加者もありました。作柄は良好で、一株に数個の大きな芋がぶら下がり園児の力では持ち上げられないものも。

社会奉仕活動はライオニズムのモットーですが、既存のクラブではメンバーからの拠出金で寄付行為を行うのが通例。

シニア・ライオンズクラブは、現役引退ということで金銭的に余裕がないため、そうしたかたちでの寄付行為は無理。そこで身体を使っての社会奉仕がシニアの身の丈にあった活動といえましょう。我がシニア・ライオンズクラブは、そのテーゼを実践しているのです。

最近は経済情勢に鑑み、一般のライオンズクラブでも〝金銭奉仕〟から〝労力奉仕〟に活動の重点が移行しているようです。世界に広がるライオンズクラブの基本理念は「奉仕」。ライオンズクラブ国際協会のモットーは「We Serve !」。我がシニア・ライオンズクラブが重視する労力奉仕の方が金力奉仕より一層真意を表しているように思えるのですが手前ミソでしょうか。

そんなことを考えている私の頭に、フッと平安・鎌倉時代の日本仏教の流れが浮かびました。唐突ながら、〝金銭奉仕〟と〝労力奉仕〟のあり方の中に似て非なるものを感じたのです。ご存じ、中国から日本へ仏教が伝来したのは六世紀の初め。それからほぼ三百年間は奈良仏教の時代。聖徳太子の十七条憲法の第二条には、「篤く三宝を敬へ。三宝は仏法僧なり。（中略）其れ三宝に帰りまつらずば、何を以ってか枉れるを直さむ」と記されています。仏教を拠りどころとして施政が行われ、飛鳥・白鳳・天平、三時代の仏教文化の花が咲きました。

九世紀の初めになって最澄が天台宗を、空海が真言宗を開宗。以後、両宗は教線を拡大し平安仏教が開花。朝廷や貴族をパトロンとし、富裕層を中心に信仰を集め、経済的にも社会的にも権勢を増大しました。その象徴的双璧が伝教大師最澄の比叡山延暦寺と弘法大師空海の高野山金剛峰寺。いずれも平安仏教の総本山ですが、貴族階級や豪商の加持・祈祷の請負業者といった一面もあり、一般庶民にはほど遠い存在でした。

そうした比叡山のあり方に疑問を抱き修行途中で下山し、一般庶民に救われる道を説いたのが我が宗祖親鸞聖人。同じように中途下山したのが法然・道元・日蓮の三上人。いわゆる鎌倉仏教の祖師たち。親鸞聖人の師である法然上人は浄土宗を開き、道元禅師は曹洞宗を開宗。また、日蓮上人は独自路線で日蓮宗を開宗。いずれも現在の日本仏教界主流教団の祖師たち。天台・真言の「貴族派」に対して「庶民派」といえるのではないでしょうか。

さて、話をライオンズクラブに戻しましょう。知多シニア・ライオンズクラブに十年間在籍し、所属するライオンズクラブ国際協会334-A地区5R.2Zの各種会合に出席してつくづく感じたことは、いささか乱暴ながら、既存のライオンズクラブは〝平安仏教〟方式、シニア・ライオンズクラブは〝鎌倉仏教〟方式といってもよろしいかと思いますがいかがでしょうか。

合掌

《二〇一三・五・三・記》hp №.146

# 奉仕活動

昨日は知多シニア・ライオンズクラブの創立十周年の記念行事がありました。私もメンバーの一人として行事の中で担当分野に力を注ぎました。夜八時に全てのイベントが終了してホッとすると同時にドッと疲れが出ました。私の担当は、セレモニーと記念行事の写真撮影。もう一人のメンバーと二人でカメラのシャッター・ボタンを押しました。

そもそもライオンズクラブとは何ぞや。一般的にはお金持ちの集まりで、多額の金銭を拠出して公共の場などにモニュメントや施設を寄付する活動をメインとする富裕層の団体というのが〝通り相場〟。いや、今でもそう思っていらっしゃる方がおありかも。しかし、私が属しているシニアクラブはそうしたクラブとは対極的で、金のかからないクラブ。年会費も十万円ほど。したがって地元の施設などへ金品を寄付することはなく、スローガンも「元気に　楽しく　奉仕は汗で！」。

七、八年前、私が会長を務めさせて頂いた年度も「元気に　楽しく　奉仕は汗で！」のモットーに則った奉仕活動を企画・実施しました。但し、「手づくり」で流す「智恵の汗」。

それは冊子『伝承《でんしょう》』の出版。サブタイトルは「シニアの戦争・災害・生活体験からの教訓を次世代へ──」。シニアだからこそできる取り組み。その趣旨を巻頭の「プロローグ」から一部引用してみましょう。

終戦から六十年、戦争を知らない世代が急速に増え、戦争の悲惨さも風化しつつあります。特に最近、イラク戦争との関わりの中で、戦争体験のある世代と無い世代との間で、平和に対する認識のギャップがかなりあることが分かりました。言い換えれば、戦争の悲惨さ・残酷さが世代間であまり語り継がれていないということでしょう。

一方東海地方では、近未来に巨大地震が発生すると報道され、対応策が講じられつつあります。一般家庭での耐震意識も昂揚してきているものの、今一つの感がありま す。この地方では、戦時下に東南海・三河の連続激震が発生し、一九五九（昭和三十四）年九月には伊勢湾台風が襲来し未曾有の被害をもたらしました。しかし、年月が経つにつれ、過酷な体験の伝承も途絶え、災害に対する備えも薄れてきています。

（中略）

知多シニア・ライオンズクラブのメンバーは文字どおりシニア、戦争や災害の体験、子育ての苦労の中から学んだ教訓等、さまざまな経験・知識を持っている世代です。

奉仕活動の一環としてこの〝財産〟を次世代・次々世代に語り継ぎ、非戦・平和の意識と災害に対する危機管理意識、あるいは子育てや衣食住に関わる文化・日本の心を少しでも伝承したいと思っています。（後略）

こうした趣旨のもと『伝承』出版事業がスタート。まずは原稿集め。三十三名のクラブメンバー全員に原稿執筆を依頼。戦争・災害・生活体験と、そこから得られた教訓をしたためて頂くことにしました。当時の写真の発掘もお願いしました。中には〝身体で奉仕〟は得意だが文章を書くのは…というメンバーもいましたが、原稿用紙一枚でもよろしいからと、無理なお願いをしたことも思い出されます。

三か月ほど要しましたが、メンバーから三十五編の原稿が寄せられました。早速我が家のパソコンのキーボードを叩いて入力作業。また、四市町の首長からはメッセージ、教育長からは特別寄稿をいただきました。これらの原稿に当時の写真やイラストを加え、編集会議で割り付けをしたところ、ちょうどA４判百ページに収まる見通しとなりました。

Adobe のパブリッシングソフト「PageMaker」を使って版下の作成作業に入ります。このソフト、一行の字数セットや行間の設定、そしてページのセッティングが容易にできるうえ、作動も安定していて非常に便利。ページ送りも自動的にできるため、必要とする文を他原稿からコピーして「挿入」すると、挿入ポイントより先のデータは自動的に先送りされ、逆に、不要部分を「削除」すれば、それより先の行数が繰り上がってきます。

さて、版下ができあがれば「印刷」への手順となります。印刷機はRisoの簡易印刷機。プロ仕様の八丁がけ十六丁がけではなく、A3用紙に、A4判二ページを印刷する簡易印刷方式。PCのdataを特殊な「原紙」に焼き付け、それを輪転機に装着して印刷するというシステム。表面の印刷ができあがると、裏返して裏面にも印刷。都合一枚のA3用紙にA4サイズが四ページ印刷され、二つ折りにして二十五枚積み重ねると百ページの本になるという寸法。

PC上に版下を呼び出しRiso印刷機へdataを送ります。数秒後カタ、カタッと印刷機が作動し始めます。ブーンという製版の音のあと、テスト印刷された紙が排出されます。文字・写真・行間・列間レイアウトが間違いないかを確認して印刷作業スタート。自坊の狭い事務所に数人のメンバーが集まって作業分担して進行。A3用紙のパッキングを開く人、印刷機に用紙をセットする人、版下の取り替えをする人、刷り上がった紙を取り出してそろえ、製本屋向けに梱包する人…等々みんな力一杯仕事をしました。

発行冊数は二千五百冊、一冊は百ページ、A3用紙一枚に四ページですから100÷4＝25枚。一冊は二十五枚のA3印刷紙で成り立つことになります。ということは、用紙の

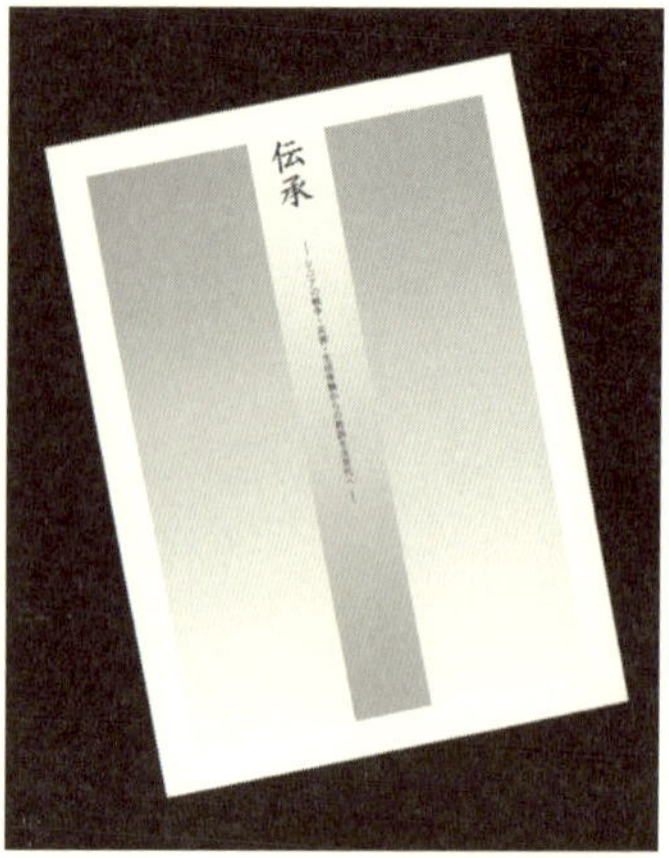


必要枚数は2,500×25＝62,500枚。輪転印刷機の印刷回数は表裏なのでその二倍、実に125,000回。全て正常に働きました。Risoの印刷機は大したものです。二千五百枚印刷する所要時間は約二十分ですが、用紙の入れ替え等を含めと約三十分。十人足らずのメンバーで二日間ほど〝労力奉仕〟をして印刷は完了。

製本屋さんに印刷を終えた六万三千枚ほどを集荷にきていただき『伝承』の手作り出版事業は完了。出来上がった『伝承』冊子を東海・知多・大府の三市と東浦町の小中学校五十六校に寄贈。ただ、児童・生徒全員に配布となると膨大な数になるので、各校とも学級数＋役職者用五冊をプレゼント。また、ライオンズクラブ関係では、キャビネットの役職者と5R1Z・2Z（知多地域）の十クラブの会員に贈呈。

こうした手作り奉仕活動に対して、ライオンズクラブ内のみならず各方面から沢山の賛辞を頂戴しました。会員が多額の拠出金を出して地域社会に豪華なモニュメント等を贈るという従来方式のライオンズクラブの記念事業活動について、立ち止まっていささかなりとも考えるご縁になれば幸甚の至りです。我々シニアは人生の終章の中でできる奉仕活動を発案し展開することで生き甲斐を感じたいと思っています。

《二〇一三・五・三〇・記》

合掌

hp No.147

## バンコクの演奏会

タイの首都バンコクでは、今月一日デモが激化して大混乱を呈している模様。反政府派と政府支持派が対立して双方のデモ隊が衝突し、三人の死者が出たとのこと。デモを主導する野党民主党のステーブ元副首相らデモ隊幹部はタクシン元副首相の政治体制を根絶するまで徹底抗戦する構え。

一方、政府を支持するタクシン派も数万人の集会を開催し、反タクシン派と衝突。銃撃などで死傷者が出たのち解散。しかし、反政府デモ隊の勢いは衰えず、政権打倒の宣言をして財務省や政府総合庁舎を占拠。首相府では約二万三千人のデモ隊が敷地を包囲して強行突破を試みたが、警官隊が催涙ガスを発射するなどして阻止したと報道されています。

さらにデモ隊は国営放送に侵入し、ステーブ氏の演説を中継するように要求し、国営放送側はその要求を受け入れ放送したとのこと。バンコク全域には非武装の軍兵士約二七〇〇人が派遣され、治安維持に当たっているという。デモ隊側は、インラック氏側からの対話の呼びかけを拒否しているようです。

続報ではプミポン国王の八十六歳の誕生日である十二月五日に国王が何らかの解決策を提示するのではないかと期待が寄せられているようです。過去にも政治的混乱が発生した時に国王の提案・助言・調停等によって収拾されたことが私の記憶の中にもあります。今回も国王の何らかのメッセージを受けて十二月五日には事態は集束に向かうのではないでしょうか。

バンコクのデモ激化情報を伝えるテレビ中継報道の背景に、聳えるパゴダが見え隠れしバンコクのことが懐かしく思い出されます。バンコクへはいく度か訪れていますが、最も印象に残っているのは一九八二（昭和五十七）年八月の訪問。それは、名古屋音楽大学が「ラタナコシン王朝二〇〇年祭」を慶讃して企画・実施した演奏旅行で、演奏団長の委嘱を受けて訪れた時のこと。当時、私は名古屋音楽大学の海外研修の担当を仰せつかっていましたので。

参加団員は、名古屋音楽大学の演奏団学生四十五名、並びに雅楽・箏曲・詩吟のメンバー四十名を中心に総計百五十名。八月二十三日午後、バンコクの国立劇場小ホールで現地の民族音楽奏者との交歓演奏会。タイ側は、タイ芸術局員による伝統音楽・伝統舞踊を披露。わが演奏団のプログラムは、名古屋音楽大学生による合唱と雅楽・詩舞・箏曲の演奏。

翌二十四日は午前中水上マーケットや王宮を見学し、午後は暁の寺院とエメラルド寺院に参拝。そして夕刻には、公開演奏会に臨むため国立劇場の大ホール入り。リハーサルを済ませ、いよいよ本番。大ホールの観客席は千数百名の聴衆で満席。午後六時三十分、いよいよ「日本の歌と舞」の開演。

まずは雅楽。管弦は羽塚尚明氏率いる十七名の雅楽団。舞は大原誉子さん他三名が出演。演目は、一、管弦「越天楽」二、舞楽「万歳楽」三舞楽「還城楽」。続いて箏曲。「さらし風手事」を羽塚禎子さん他五名が演奏。三番手は、安倍秀風氏他二名による詩吟の吟詠。メリハリのある声が会場内に響き渡りました。演目は扇舞「宝船」・「京の花」、独吟「祝賀詩」。

舞台はガラリと転換して「女声合唱」。出演は名古屋音楽大学の学生。指揮は楠光男教授。テーマは「日本の四季」。曲目は「花」・「早春」・「ひばり」・「もりのよあけ」・「川」・「夏の思い出」・「ねむの花」・「荒城の月」・「冬の星座」・「雪の降るまちを」の十曲。すばらしいハーモニー。さすが音楽専門大学生のコーラスだとの声しきり。

ロイヤルボックスには、シリンドーン王女やソムサワリ王妃ほか多くの貴賓のお姿。日泰有友好親善の象徴的演奏会となりました。演奏終了後、シリンドーン王女はじめ王族の方々に日本から持参した品々を私からプレゼントさせていただきました。感動の一場面でした。プレス各社の取材もあり、現地の英字紙も交歓演奏会を大きく取り上げてくれました。

「A rare cultural treat from Japan」と大きな見出しを掲げて報道。「The graceful dance accompanying "Ga-Gaku" music is called "Bugaku". Both arts were introduced to Japan in the 7th and 8th centuries from China, but now remain alive in japan only.」《優美な踊りとともに奏でられる〝雅楽〟は〝舞楽〟と呼ばれる。両者は七〜八世紀に中国から伝来した芸術で、日本にのみ残存している。》雅楽を演奏する舞台を写した八十㎜×百十㎜の大きな写真も添付され、「A performance of Ga-Gaku by the Nagoya College of Music」《名古屋音楽大学による雅楽の演奏》のキャプションも。

なお、この演奏会を企画・主催したのは任意団体「アジア文化交流センター」。その前身は一九七八（昭和五十三）年発足の「ボブドゥール修復支援会」。ボロブドゥール修復支援事業の円成を受けて、ボロブドゥール修復支援会はその使命を終え「アジア文化交流センター」に生まれ変わりました。同センターは、国内で「アジア文化の集い」を企画・実施するとともに、海外でも各種演奏会・文化交流会を開催。前述のバンコクの国立劇場で開催した演奏会もその一環。

また同センターの出版活動としては、一九八七（昭和六十二）年七月に『甦るボブドゥール』を出版。最初に訪れた時には、ボブドゥールの回廊壁面に設置された一千四百六十面の壁彫の大半が傾いたり崩落したりしていましたが、ユネスコの修復事業により完全とまではいかないまでも見事に復活。その壁彫を一面ごとカメラに収め、B5判変形・アート紙四百二十二ページの写真集として出版することができました。そのほか、小冊子や研修報告満載の会報等を数多く出版。

一九九九（平成十一）年に宇治谷祐顕会長が亡くなられた後、私が会長を務めさせていただきましたが、高齢化したこともあり昨年会長職を辞し、ご長男の宇治谷顕氏に後任をお願いしました。会員の高齢化ということもあり会の活動はイマイチの感を免れませんが、私としては陰ながら活動を支援していく所存です。

合掌

《二〇一三・一二・三・記》hp №153

## 年回法要と周年事業

当山では、来春の親鸞聖人七百五十回御遠忌法要勤修に向けて、記念事業への取り組みを鋭意推進しています。記念事業のメインであります山門建て替え工事は、袖塀も含めて今年三月に完了。総欅造り本瓦葺きの旧山門は寛保年間の建立で、築後二百七十年有余。建て替えの山門も、様式・大きさとも旧山門同様とする方針で設計を依頼。全容を現した新山門は、立地はもちろん欅造りの本体や扉、屋根瓦に至るまで旧山門を再現したかたち。

山門に次ぐ大きな事業が鐘楼の修復。海岸段丘突端に建つ鐘楼は、百五十年余の風雪に耐えてきましたが、東側・南側の傷みが激しく、部分補修。径三〇センチ超の丸柱の傷んだ部分を切り取って、新材を継ぎ足すという難工法。神谷工務店の棟梁は、この難工法を見事クリア。継ぎ目は全く分からず、髪の毛も入らないほど密着。加えて、貫《ぬき》も三丁入れ替え。これまた、高さ二〇センチ、幅一二センチ、長さ三五〇センチの貫を、鐘楼本体を解体することなく建ったままの状態で入れ替えるという離れ業。これまた見事に成功。

はたまた、境内外周を巡る外周塀も出来上がりました。山門より西へ六四メートル、同じく東へ三三メートル、合計一〇〇メートルに垂んとする超ロング外周塀。高さ一メートル四十四センチの屋根付き板塀。屋根直下には白壁紛いの乳白色のアクリル板を設えて。コンクリート板やコンクリートブロックの塀が生まれ変わりました。折しも、地震でコンクリートブロック塀が倒れ児童が圧死したとの報道が繰り返されるなか、タイムリーな方策であったと自負。

加えて、山門前の築地塀の建て替えもこの八月末で完工。前の築地塀より遙かに立派に。赤土を積み上げて造った前者に対して、今回はコンクリートの基礎並びに真壁に、木製の芯と板塀を組み合わせて構成。屋根は縄勾配つきの瓦葺き。見付の妻には、懸魚まで付いた破風板。グーッ！　この西の築地塀の直近に計画通りトイレもほぼ完成。旧山門の欅の骨材と扉を再利用。時流に乗ってリサイクル。

ただ、懸案事項が一つ。それは鐘楼の修復。当初計画で屋根の全面葺き替えが盛り込まれたものの、計画策定の最終段階で不要となったところから、事業予算には計上しませんでした。ところが後刻精査したところ、やはり全面葺き替えが必要ということに。しかれば、補正予算を組まなければということで、近々総代会で検討することになりました。来春の親鸞聖人七百回五十回御遠忌法要勤修に向けて、さらなる奮励努力が求められています。

今回お勤めするのは「七百五十回御遠忌」。以前にもこの欄で触れたところですが、真宗では一般家庭も寺も年回法要は、一周忌・三回忌・七回忌…五十回忌とお勤めすることになっています。五十回忌以降は、百回忌、百五十回忌…というように五十年スパン。親鸞聖人の「年回」は「七百五十回忌」。この段階になると、五十年間隔になることから、「遠」の字加わることになります。

ところで、年回法要をお勤めする日取りについてお訊ねを受けることがしばしばありま す。一週間前、ひと月前にご予約の申し込みをされる方もありますが、半年前一年前の方もあります。土曜日と日曜日はご希望の方が多く、特に午前中はご希望に添えないケースが数多。そこで日程調整をするわけですが、多くの方が正当の命日より前に勤めたい、と。その訳は、世の人いわく「命日を過ぎてからお勤めするのは先祖を粗末にすることだ」と。

しかし、これ間違い。例えば、三回忌の正当命日は命終された日から丸二年経た日、三年目の初日。その日から一年の間に法要をお勤めすればよろしいわけ。ところが、一般的にはその正当命日より前に勤めなくっちゃ…と。ただ、一周忌だけは命終されてから丸一年を経た日。その伝でいえば、一周忌のみは正当命日より前にお勤めした方がよろしいかと。三回忌は命終された日から丸二年経た日。ですから、一周忌をお勤めした翌年が三回忌。三周忌はありません。

蛇足ながら、当山ではご門徒の年回正当繰り出しについては三通りの方途でお知らせしております。第一は本堂の大間に該当の方の回忌・法名・命日・地区名・当主名を掲出。第二の方途は、寺報『受教』に四半期毎、回忌・命日・当主のお名前を掲載してお知らせします。第三は、パソコンの年回繰り出しのデータから、該当の方の法名・命日等を抽出して郵送するというシステム。

「回忌」と似て否なるフレーズに「周年」があります。例えば、「百回忌」と「百周年」。その違いは、シニア感覚でいえば、〝数え年〟と〝満年齢〟かな？　先頃、愛知県立刈谷高等学校同窓会から『刈高同窓会年報』を頂戴しました。その中に「創立百周年記念事業」の囲み記事。記念事業は、十一月三日の創立百周年記念式典の開催と「刈谷高等学校写真百年史」「刈谷高校百周年記念誌」の発行。なお、私は一九五五（昭和三十）年卒業の第七回生。

周年事業といえば、もう一つ。それはわが東

## 町章を制定

十周年記念に東浦町

知多郡東浦町は町政施行十周年記念に新しく町章をつくることとなり、このほど町民から募集した作品のなかから同町緒川、本田直哉さんの応募作品を一部修正して図のような町章を選んだ。紋章は東浦の〝ひ〟の字を図案化したもので、三角は東浦の躍進を、丸は円満、和合の精神を、六の字は各地区の協力を現わしたもので、二十日ごろ開く町議会にかけて正式に制定のうえいま建設中の町立公民館の正面とステージのどん帳にさっそくかかげる。なお応募作品の佳作つぎの通り。平林悦次郎、平林寛己、平林俊一（石浜）戸田州一、加藤えみ子（緒川）篠田弘明（森岡）

浦町の町政七十周年。一九四八（昭和二十三）年六月に町政を施行してから数えて今年で七十年。町は節目の年には各種記念事業・行事を企画実施。私にとって最も印象に残っているのが町政十周年。町章の図案募集が町民に呼びかけられ、私も応募。七十四点の応募作品の中から私の作品が入選しました。当時の『中日新聞』によりますと、私の他に佳作が、平林悦次郎、平林廣己、平林俊一、戸田州一、加藤えみ子、篠田弘明の六氏。爾来、このロゴは町の広報誌やホームページはもちろん、公共施設等多方面で標示されています。光栄の至り。

【追記】このロゴの意味するところについて解説を加えましょう。先ず全体のイメージは東浦の〝ひ〟。三角は東浦の躍進を、丸は円満・和合を現したもの。〝6〟の字は六地区の協力を象徴したもの。

合掌

《二〇一八・九・一・記》hp №210

# エピローグ

昨年末、掛かり付け内科医の診察室。検尿結果表の「潜血」項目に+反応。「エエッ？」。私にとっては初体験。「癌の疑いがあります」。他人事だと思っていた癌が我が身に…。何か雲に覆われたような重い気持ちで年末年始を過ごして正月五日、内科医から電話。「半田の検査室から結果が届きましたが、やはり疑いがありますので総合病院で精密検査を受けてください」とのこと。

数日後総合病院に赴き受診。専門医によれば、膀胱等尿路系に癌ができている場合、潜血が+になるとか。早速膀胱鏡で診察。「目視したところでは癌はありません」と先生。しからば〝異状なし〟か、といえば然に非ず。膀胱に繋がる尿管や左右の腎に癌がある可能性も。「ご希望であれば精密検診を。ただ、ご高齢のため検査に耐えられるかどうか…」。家族とも相談し受診することに。

三月十二日午後、いよいよ手術台へ。〝俎の鯉〟の心境？ 麻酔が効いてはいるものの、半身麻酔なので器具の音や先生方の会話も聞こえて何とも妙な気分。数十分経って「はい、終わりました。何も無かったようですよ」と主治医。正式な診断が出たのは二週間後。「〝クロ〟ではありませんが〝シロ〟とも言い切れません」。では〝グレーゾーン〟ということでしょうか、とお聞きしたところ「まぁ、そういうことでしょう」と先生。以上長々と〝癌細胞顛末記〟、失礼しました。

折しも、三月三十一日（日）勤修の「親鸞聖人七百五十回御遠忌法要」を目睫にして総動員態勢で準備作業に大童。法要委員会や作業委員会を度々開き万全の態勢を整えました。そうして迎えた法要当日。午前十時から山門建て替え等の記念事業落慶法要。そして午後零時半、稚児行列が緒川コミニュティセンターを出発。好天に恵まれ、三百三十名のお稚児さん、両親等付き添いを含めて千名に垂んとする大行列が、楽の音を響かせながら緒川の街を練り歩きました。

境内へ練り込んだお稚児さんたちは、本堂浜縁で焼香・礼拝。時恰も御遠忌法要は佳境に。衆僧三十余名が勢揃いしてお勤めする大法要。袍裳に七條袈裟という当派最高の装束に身を包んだ住職が、これまた最高の儀式「登高座」を執行。そしてクライマックスは「行道散華」。導師を始め衆僧が華籠を手に内陣を周回し紙製の蓮の葩を散華。役稚児も列に加わり一段と華やかに。一同復座して最後のお勤め。「退出楽」で衆僧退出し〝大団円〟

を迎え、御遠忌法要が円成。これ偏に関係各位のご支援ご協力の賜、深甚の謝意を表します。

なお、文中の花の写真は大府市のS・E氏から毎月提供いただいたものです。有難うございました。最後になりましたが、小著出版に当たり、ご指導ご助言賜りました風媒社の劉永昇編集長はじめ編集部の皆さまに厚く御礼申し上げます。

合掌

二〇一九（平成三十一）年晩春

自坊法輪閣にて　本田　眞哉

[著者略歴]
本田 眞哉（ほんだ　しんや）

1936年　愛知県生まれ。愛知学芸大学（現・愛知教育大学）を経て同朋大学仏教学部仏教学科卒業。
1959年～2011年　真宗大谷派了願寺住職。
1959年～1972年　同朋高等学校教諭・校長補佐。
1986年～1999年　学校法人同朋学園理事。
1991年～1999年　同理事長。
1980年～2008年　愛知県東浦町教育委員会委員(内委員長11年)。
2001年～社会福祉法人愛知育児院評議員・理事。
2002年～2012年　アジア文化交流センター会長。
2003年～2004年　知多地方5市5町教育事務協議会長。
2004年～2005年　知多シニアライオンズクラブ会長
2005年～2013年　社会福祉法人愛知育児院理事長。
2008年～2010年　東浦町教育委員会事務点検・評価委員。
2010年　住職在任50年本山表彰。
2010年　春の叙勲で旭日双光章受章

根《こん》 — इन्द्रिय《インドルリヤ》 indriya —

2019年7月30日　第1刷発行　（定価はカバーに表示してあります）

著　者　　本田　眞哉
企　画　　宗教法人 了願寺
〒470-2102
愛知県知多郡東浦町緒川屋敷壱区90-1
Phone 0562-83-3353　Fax 0562-82-0137
URL http://ryoganji.jp
発行者　　山口　　章

発行所　名古屋市中区大須1-16-29
振替 00880-5-5616 電話 052-218-7808　風媒社
http://www.fubaisha.com/

＊印刷・製本／チューエツ　　乱丁本・落丁本はお取り替えいたします。
ISBN978-4-8331-5366-9